AF293451

Herstellung: Books on Demand GmbH

ISBN 3-8311-3084-1

Mang - gon jai

Geschichten um Bargirls in Thailand

Der Autor

Mang - gon jai
มังกรใหญ่

so lautet der thailändische Name des Autors.

Vor 30 Jahren kam er das erste Mal nach Thailand. In dieses exotische Land verliebte er sich sofort.

Verbrachte er anfangs regelmäßig seinen Urlaub dort und bereiste als typischer Tourist die Ferienorte, hat er sich jetzt, wie er selbst sagt, zur „Ruhe gesetzt".
Er wohnt heute mit seiner thailändischen Frau und seinen drei Kindern in einem kleinen Dorf im Issaan, dem Nord - / Osten Thailands.

Im Laufe der Zeit hat er gelernt, sich in Landessprache zu verständigen. So war er schließlich in der Lage, sich von den Bargirls in den Touristenzentren ihre Lebensgeschichte erzählen zu lassen.

Wenn diese erst Vertrauen zu ihm gefaßt hatten, erzählten sie gern von sich. Meist waren es erschütternde Schicksale, die er von ihnen erfuhr. Das stete Lächeln der Bargirls täuscht ein zufriedenes, wenn nicht gar glückliches Leben vor.

Die an den Bars erfahrenen Lebensgeschichten formulierte der Autor zu Kurzgeschichten, von welchen in diesem Buch eine Auswahl zusammengefaßt wurde.

Karon und Kata

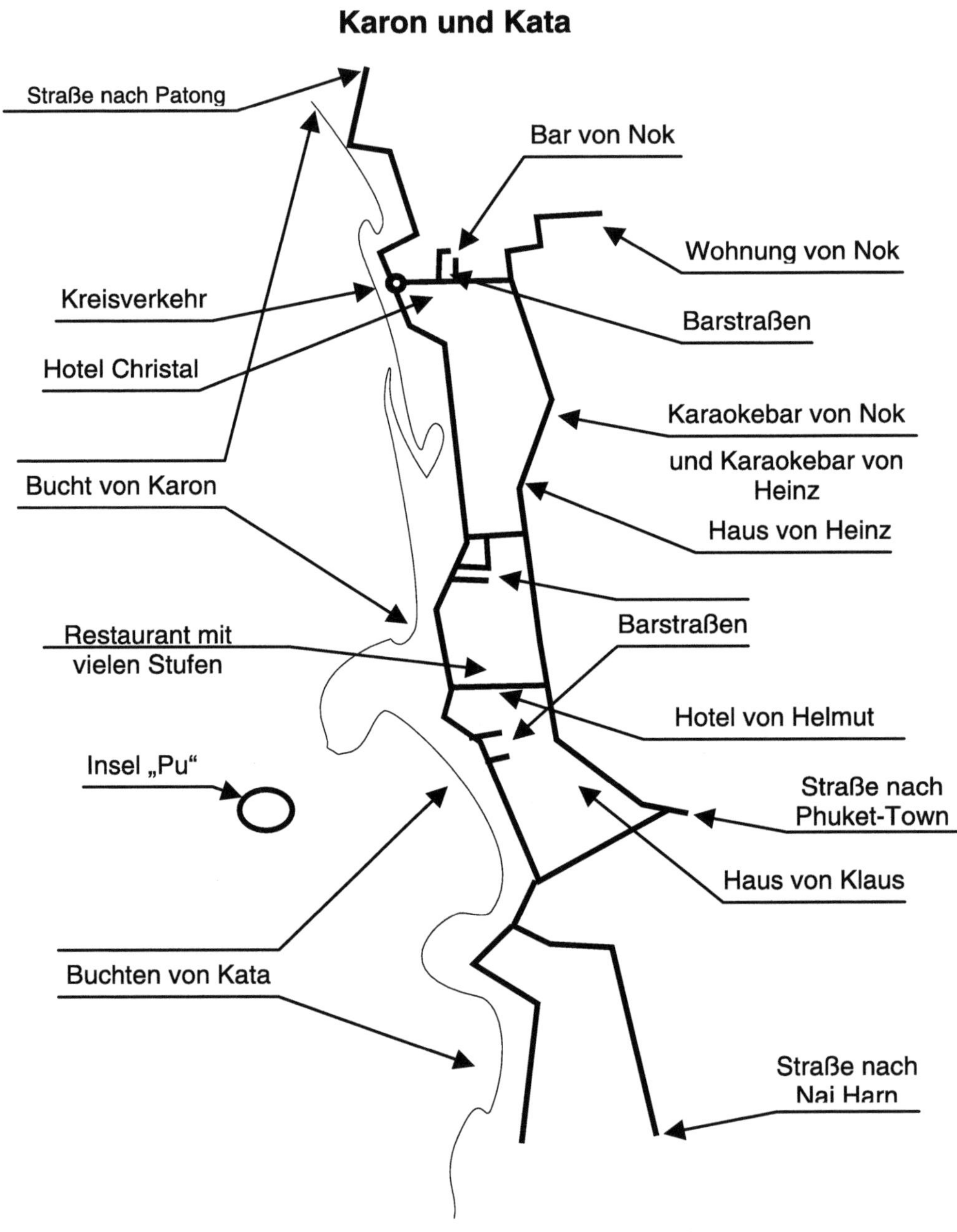

Geschichten um Bargirls in Thailand

Inhaltsverzeichnis

Der Autor 3
Karon und Kata 4
Inhaltsverzeichnis 5
Bierbars und Bargirls 7
Das Buddha - Amulett 11
Der Thakarp 33
Der häßliche Mann 53
Titanic 67
Oy 87
Niiphaa 101
Ein Interview mit Tom 117
Nachwort 136

Bierbars und Bargirls

Dieses Buch handelt vom Leben der Bargirls an den unzähligen Bierbars in den Touristenzentren Thailands.

Was sind das, die Bierbars?

Die Bezeichnung Bar oder Bierbar ist eigentlich etwas zu hoch gegriffen.

Bei diesen Bars handelt es sich eher um kleine viereckige Bretterbuden mit umlaufender Theke. Außerhalb dieses Vierecks sitzen die meist europäischen Gäste auf wackligen Barhockern. An den Bierbars wird natürlich Bier ausge-schenkt. In den meisten Fällen wird es direkt aus der Flasche getrunken. Die Bierflaschen werden zum Servieren in eine Kunststoffumhüllung gesteckt. Dadurch sollen die Flaschen etwas län-ger kühl bleiben.

Außer Bier gibt es an den Bars natürlich Wasser, Fruchtsäfte und auch Cola, Fanta usw. Hinzu kommt der einheimische ‚Mekong – Whisky‘, der allerdings mit Whisky nichts zu tun hat. Er ähnelt eher einem Rum. Wein hingegen sucht man an den Bierbars in der Regel vergebens.

Selten steht eine solche Bierbar allein. Üblicherweise gibt es ganze Straßenzüge, die Barstraßen, wo sich eine Bierbar an die andere reiht. Im Ort Patong auf der Insel Phuket gibt es etliche dieser Barstraßen. Sie bilden schon fast einen kleinen Stadtteil voller Bars. Viele der (meist männlichen) Touristen verbringen einen großen Teil ihres Urlaubs an diesen Bierbars. Sie trinken, scherzen und spielen mit den Bargirls.

Wer oder was sind die Bargirls?

Die Bedienungen in den Bars. Sie ser-vieren die Getränke und unterhalten die (meist männlichen) Gäste. Fast alle Bargirls sind Prostituierte. Doch die Barmädchen sind ganz anders, als die Prostituierten in Europa oder Amerika. Sie sind liebenswert. Sie sind, man mag es kaum glauben, oft sogar sehr schüchtern. Gewiß, sie gehen mit den Touristen und schlafen für Geld mit ihnen. ‚Pai kaek - Mit den Gästen gehen' sagen die Mädchen dazu. Einige, meist die, die kein englisch verstehen, arbeiten stundenweise. Die anderen versuchen, möglichst lange, am Besten den gesamten Urlaub des Gastes, mit ihm zu verbringen. Bei einer solch ‚langen' Beziehung entsteht tatsächlich häufig Zuneigung, oft sogar Liebe.

Szenen, in denen die thailändischen Mädchen ihren europäischen oder amerikanischen Freund weinend am Flughafen verabschieden, sind durchaus nicht selten. Die Tränen sind echt.

Warum führen diese Mädchen ein solches Barleben?

Um einem häufigen Vorurteil entgegenzuwirken: Nein, die wenigsten Frauen werden gezwungen. Das gibt es (siehe die Geschichte ‚Der häßliche Mann'), aber es ist die Ausnahme.

Viele Mädchen werden jedoch mit falschen Versprechungen zur Tätigkeit an die Bars gelockt. Beim Anwerben werden die kleinen Bars oft als Restaurants bezeichnet, in denen die jungen Frauen ‚nur' servieren müssen. Arbeiten sie dann erst einmal an der Bar, werden die meisten auch ‚tätig'.

Die meisten Mädchen arbeiten freiwillig. Wenn es einen Zwang gibt, dann den des Geldes. Immerhin verdient ein Bargirl, wenn es sich nicht zu dumm anstellt, in einer Nacht soviel, wie sie in ihrem Heimatdorf im ganzen Monat verdienen würde.

Ein Bargirl steht auf der sozialen Leiter ganz unten und weiß das auch. Von den „anständigen" Leuten wird es verachtet.

Fast alle Bargirls kommen aus ärmsten Verhältnissen. Viele haben keine oder nur schlechte Schulbildung. Fast alle haben Kinder, der Ehemann hat sie verlassen. Sie brauchen Geld, für Ihre Kinder und für ihre Familie, bei der die Kinder aufwachsen.

Die meisten Mädchen arbeiten nur eine begrenzte Zeit an den Bars. Das verdiente Geld schicken sie nach Hause. Nach zwei oder drei Jahren kehren sie in ihr Heimatdorf zurück.

Sie werden dann wieder Hausfrau und liebende Mutter. Über das Gewesene spricht man nicht mehr. Einige nehmen einen neuen Namen an.

Einem eventuellen neuen Ehemann sind die Bargirls liebe, aufopferungsvolle und treue Ehefrauen.

Ein thailändisches Sprichwort sagt:

**„Eine Hausfrau, die zu einer Prostituierten wird, ist schlecht.
Eine Prostituierte, die zur Hausfrau wird, ist gut."**

Alle hier geschriebenen Geschichten sind wahr!

Ich habe Orte und Namen geändert, um Rückschlüsse auf die tatsächlichen Personen zu verhindern.

Thailandkenner werden vielleicht einiges anzweifeln. Ich versichere: Die Geschichten sind wahr!

An den Bars in den Ferienorten habe ich gesessen und mich mit den Mädchen unterhalten. Wenn die Mädchen erst einmal Vertrauen zu mir gefaßt hatten, haben sie mir ihre Geschichte erzählt. Einige Geschichten habe ich auch selbst erlebt, andere haben Freunde mir erzählt.

Bei diesen Geschichten handelt es sich um einzelne, in sich abgeschlossene Erzählungen. Trotzdem besteht ein gewisser Zusammenhang zwischen einigen der Geschichten:
Die Kurzgeschichten ‚Das Buddha – Amulett' und ‚Titanic' haben den gleichen Inhalt, sind aber aus der unterschiedlichen Sicht der beiden Betroffenen geschrieben.
Die Geschichte ‚Niiphaa' kann man als Fortsetzung dieser beiden Erzählungen sehen.

Das Buddha - Amulett

Diese Geschichte wurde mir von den beiden Beteiligten unabhängig vonein-ander so berichtet. Es ist allerdings recht unwahrscheinlich, daß ein weiterer Tourist so etwas, oder etwas ähnliches, ebenfalls erleben wird.

Es war an einem Vormittag auf der Insel Phuket in Thai-land. Gelangweilt schlich Helmut durch den kleinen Ort Karon. Um diese Zeit sieht man hier nur wenige Touris-ten. Abends hingegen quellen die vielen kleinen Bars und die Straßen von Touristen geradezu über. Helmut langweilte sich. Am frühen Morgen hatte er seiner bis-herigen Begleiterin den Laufpaß gegeben, jetzt war er allein.

Don war zwar ein nettes Mädchen und sie war auch recht hübsch. Aber ir-gendwie, so meinte er, passe sie nicht recht zu ihm. Sie war ihm auch nicht böse, als er ihr sagte, daß er sich von ihr trennen wolle.

„Mai pen arai, Helmut - Das macht nichts, Helmut.“

Helmut wußte, so ganz stimmte das nicht. Don mochte ihn sehr. Aber er war der Meinung, es sei besser so.

Sie frühstückten noch zusammen im Restaurant seines Hotels, direkt am Swimmingpool. Helmut aß Toast mit Ei, Don aß ,Khao tom' - eine Reis-suppe[1]. Nach dem gemeinsamen Frühstück stand Don auf.

„Pai gon - Auf wiedersehen.“

Sie gab ihm noch einen Kuß auf die Wange. Dann ging sie.

Helmut blickte ihr nach. Er sah sie den schmalen Weg vom Hotel zur Straße hinuntergehen um eins der vorbeifahrenden Taxis anzuhalten. Plötzlich je-doch drehte sie sich um und kam zu ihm zurückgelaufen.

„Khun scha mi pujin mai mai - wirst Du eine neue Freundin haben?“

„Ja, bestimmt“

„Besuch mich mit ihr an meiner Bar, bitte.“

„OK.“

„Tschin tschin mai - Ganz bestimmt?“

„Tschin tschin - Ganz bestimmt.“

Trotzdem schien sie ihm nicht recht zu glauben

---

[1] *,Khao tom' ist das typische Frühstück der Thai. Die eigentlich eher fade Reissuppe gibt es mit Huhn, Schwein, Garnelen, Rind und anderen Zutaten. Meist wird sie am Tisch kräftig nachgewürzt.*

„Ilii boo." - Sie stellte die gleiche Frage auf laotisch[1].
Helmut haßte es, daß die Bargirls mehr laotisch als Thai sprachen. Laotisch
verstand er nur wenig, Thai hingegen sprach er recht gut, fast fließend.
„Maen ilii - Ja, bestimmt." Er antwortete ebenfalls laotisch.
Sie drehte sich um und ging erneut den Weg hinunter zur Straße. Hier hielt
sie ein vorbeifahrendes Songthaeo[2] an. Sie stieg auf die Ladefläche und
setzte sich. Noch einmal sah sie zu ihm hin. Sie winkte nicht. Das Songthaeo fuhr davon, er verlor sie aus den Augen.

Helmut ging in dem kleinen Ort Karon spazieren. Er schien der einzige Aus-
länder zu sein. Die anderen Touristen schliefen noch. Sie erholten sich von
der vergangenen Nacht. Helmut beobachtete, wie Gemüse, Obst und
Fleisch für die vielen Hotels angeliefert wurde. Es regnete ein wenig, nicht
stark. Helmut störte das nicht.
Obwohl es erst vormittags war und obwohl der Himmel mit Wolken bedeckt
war, spürte man die tropische Hitze schon deutlich. Es würde ein heißer
Tag werden.
Helmut langweilte sich. Er hatte keine Vorstellung davon, was er heute
machen sollte. Er schlenderte am Strand entlang. Die Wellen waren hoch.
Es war gefährlich im Meer zu schwimmen. Zu bestimmten Jahreszeiten war
es geradezu unmöglich. Die meisten Farangs[3] bevorzugen daher auch die
Swimmingpools der Hotels. Trotzdem kam es immer wieder zu Unfällen
durch leichtsinnige Schwimmer - fast immer waren es Europäer - die die
Warnungen der Einheimischen mißachtet hatten. Auch zu Unfällen durch
Hai - Attacken war es in der Vergangenheit bereits mehrfach gekommen.
Doch es war schön hier unten am Strand. Der Wind blies vom Meer her.
Das brachte ein wenig Kühlung.

---

[1] *Die meisten Bargirls stammen aus dem Issaan, dem Nord - / Osten Thailands. Obwohl mitten in Thailand gelegen, wird hier überwiegend laotisch
(an manchen Stellen auch kambodschanisch) gesprochen.*
[2] *Ein Songthaeo ist ein kleiner LKW, auf dessen Ladefläche in Fahrtrichtung
zwei Sitzreihen montiert sind. Daher auch der Name: ‚Song' = zwei, ‚thaeo'
= Reihen. Die Songthaeos verkehren als eine Art Pendelbus. Man winkt
dem Fahrer zu, der hält an, man nennt sein Fahrziel und, wenn das Ziel in
etwa der Richtung liegt, in die der Fahrer fahren wollte, fährt man mit. Der
Fahrpreis ist meist gering.*
[3] *‚Farang' oder (weil die meisten Barmädchen das ‚R' nicht aussprechen
können und stattdessen ein ‚L' verwenden) ‚Falang' ist die Bezeichnung für
Europäer.*

Helmut durchwanderte die gesamte Bucht von Karon bis hin zum Kreisverkehr. Hier bog er nach rechts ab in den kleinen Ort. Linker Hand lagen die Bars. Langsam schlenderte er durch die Barstraßen[1].

Einige der Bierbars hatten ihre Verkaufsklappen bereits geöffnet. Die Bargirls darin waren überwiegend mit Aufräum- und Reinigungsarbeiten beschäftigt. Die Überbleibsel der letzten Nacht wurden beseitigt.

Wann schlafen diese Mädchen eigentlich, fragte sich Helmut.

Eines der Mädchen lächelte ihn an. Ihrer dunklen Hautfarbe nach zu urteilen hatte sie noch vor Kurzem auf den Reisfeldern[2] gearbeitet. Zumindest war sie bisher im Freien und nicht an der Bar tätig gewesen.

Das Mädchen schien sehr schüchtern zu sein. Helmut lächelte zurück, sie schlug die Augen nieder. Langsam ging er an ihrer Bar vorüber.

Nach etwa zwanzig Schritten überlegte er sich jedoch, ob es nicht besser sei, schon das erste Singha - Bier[3] des Tages zu trinken.

Er blieb stehen. Kein Bier vor zehn Uhr am Vormittag, dachte er. Er blickte zur Uhr. 10:35 Uhr. Na also! Er drehte sich um und ging langsam zur Bar zurück. Hier, an dieser Bar war er schon einige Male gewesen, das dunkelhäutige Mädchen war ihm jedoch fremd.

Diensteifrig rückte das Barmädchen einen der Barhocker zurecht.

„What you drink?", fragte sie in gebrochenem Englisch.

„One Singha - Bier please."

Sie stellte ihm eine Flasche hin.

„What do you like to drink?", fragte Helmut.

---

[1] *Die Barstraßen sind kleine Straßen oder Gassen, in denen sich Bierbar an Bierbar aneinanderreihen. Ab dem frühen Nachmittag sind die Bars mit vielen Barmädchen besetzt, die auf die zahlungswilligen Farangs warten. Der Barbetrieb geht dann bis in die frühen Morgenstunden. An jeder Bar läuft die Musikanlage auf voller Lautstärke; in den Bars rechts, links und gegenüber natürlich ebenfalls. Selbstverständlich hat jede Bar eine andere Musik. Es entsteht dann ein höllischer Lärm. Oft kann man sein eigenes Wort kaum verstehen.*

[2] *Die meisten der an den Bars tätigen Mädchen stammen aus dem Issaan, der Kornkammer Thailands. Hier waren sie bisher meist in der Landwirtschaft tätig. Das so verdiente Geld reicht aber, besonders wenn Kinder dasind, zum Leben nicht aus. Die Armut zwingt sie dann dazu, in die großen Städte oder Touristenzentren zu ziehen, um hier ihren Lebensunterhalt zu verdienen.*

[3] *Singha (sprich: Sing - deutsch: Löwe) ist ein einheimisches Bier. Singha wird von den Europäern viel getrunken. Die Barmädchen bevorzugen hingegen das europäische ‚Heineken', vielleicht nur deshalb, weil es etwas teurer ist.*

Sie verstand ihn nicht und sah ihn fragend an. Er machte die Gebärde des Trinkens und zeigte dabei auf sie. Jetzt verstand sie.

„Heineken", antwortete sie.

Er nickte. Irgendwie machte es ihm Spaß, daß sie nicht wußte, das er Thai sprechen konnte. Vielleicht würde es lustig werden. Sie lächelte ihn an. Dann stießen sie die Flaschen zusammen.

„Tschok dii khap[1]."

„Tschok dii kha."

Es entstand eine längere Gesprächspause. Helmut spürte geradezu, wie sie krampfhaft nach ein paar englischen Wörtern suchte. Dann war ihr offensichtlich endlich etwas eingefallen.

„Good night", sagte sie.

Helmut mußte lachen. „Good morning", verbesserte er sie.

„Good morning", wiederholte sie verlegen.

Erneut entstand eine Gesprächspause. Sie lächelte verlegen.

Ein weiteres Barmädchen kam hinzu. Sie hieß Noi. Helmut kannte sie flüchtig. Zur Begrüßung gab sie Helmut einen Kuß auf die Wange. Dann stellte sie ihm, ohne ihn zu fragen, ein weiteres Singha - Bier und ein Glas hin. Sie wußte, er trank, was hier eher unüblich war, sein Bier nicht aus der Flasche. Noi setzte sich unaufgefordert neben Helmut.

„Wenn dieser Mann kommt, gibst Du ihm ein Glas!", erklärte Noi der Kleinen.

Noi war die Chefin, genauer gesagt: Sie war die feste Freundin des Barbesitzers. Noi schenkte ihm ein.

„Schan lu khun tschop fong - Ich weiß, mit Schaum", flötete sie.

„Spielen wir, Helmut?"

Gemeint war ein Spiel, welches bei uns unter dem Namen ‚Vier gewinnt' bekannt ist. In Thailand heißt es ‚gem djok'.

Noi drängte offenbar ganz bewußt die Kleine aus dem Gespräch. Diese stand jetzt auch auf und begann wieder Gläser zu spülen. Von ihrem Bier hatte sie kaum etwas getrunken.

„Um was spielen wir, um welchen Einsatz?"

„Wir spielen um ein Bier."

„OK."

Helmut spielte dieses Spiel ganz ausgezeichnet. Zu Hause, in Deutschland, spielte er es recht häufig gegen seinen Computer. Auch in der stärksten Spielstufe besiegte er den Computer fast immer. Kaum eines der Bargirls,

---

[1] *,Tschok dii' entspricht unserem ‚zum Wohl'. In etwa ist es mit ‚Glück' zu übersetzen. Die darauf folgenden Silben ‚kha' oder ‚khap' sind Höflichkeitspartikel. Frauen verwenden ‚kha', Männer hingegen sagen ‚khap'.*

die ebenfalls meist große Erfahrung in diesem Spiel haben, war ihm gewachsen.
Doch Helmut wußte, egal, ob er gewann oder verlor, bezahlen mußte er zum Schluß das Bier. Noi hatte sicher kein Geld. Egal.
Schon nach den ersten Spielzügen erkannte er, Noi war kein Gegner für ihn. Schnell gelang es ihm, drei nebeneinander liegende Steine in der zweiten Reihe anzuordnen. Dadurch waren ihr bereits zwei Spalten im Spielfeld verwehrt. Eigentlich konnte sie schon nicht mehr gewinnen. Dann kam ihm jedoch eine Idee. Er ließ sie trotzdem gewinnen. Noi war stolz, sie freute sich. Lächelnd nahm sie das gewonnene Bier entgegen.
„Len iik nung krang mai? - Noch einmal?"
„Len iik godai. - Noch einmal."
Erneut schaffte es Helmut, sie gewinnen zu lassen, ohne daß sie merkte, daß er absichtlich verlor. So ging es weiter. Hin und wieder, damit es nicht auffiel, gewann auch Helmut einmal ein Spiel. Überwiegend war Noi jedoch der Sieger. Dann endlich schlug Helmut einen anderen Einsatz vor:
„Wenn ich gewinne, schläfst Du mit mir, eine ganze Nacht - kostenlos! Wenn Du gewinnst, bezahle ich Dich dafür."
„Wieviel?"
„1000 Baht" (etwa € 23,00)
„Tok long. - Einverstanden." Noi war ganz sicher, zu gewinnen.
Noi spielte äußerst konzentriert, war jedoch chancenlos gegen Helmut. Am linken Rand des Spielfelds baute er eine Falle auf, in die Noi prompt tappte. Zu spät begriff sie, daß er dadurch bereits drei Steine diagonal angeordnet hatte. Was nun kam, war reine Routine. Sie verlor sehr schnell. Verlegen lächelnd stellte sie ihm eine weitere Flasche Singha - Bier hin.
„Heute abend?", fragte sie. Sie hatte die Augen niedergeschlagen.
„Tok long. - Einverstanden."
Noi schien sich zu schämen. Von jetzt an sprach sie nur noch sehr wenig. Sie lächelte verlegen.
Die heutige Nacht war für Helmut also gerettet.
Mehr und mehr versuchte Noi, sich zu beschäftigen und der Kleinen beim Spülen der vielen Gläser zu helfen. Helmut saß allein und beobachtete die beiden.
Diese Kleine interessierte ihn viel mehr als Noi. Sie war wirklich sehr schüchtern. Der Sprache nach zu urteilen, sie sprach statt eines ‚R' ein ‚L', kam sie aus dem Issaan. Helmut schätzte sie auf etwa 30 Jahre. Sie war zierlich, etwa 150 cm groß. Auffallend große Wangenknochen prägten ihr Gesicht. Ihre Nase war groß und breit. Das lange schwarze Haar reichte ihr bis zur Taille. Sie blickte ihn an und lächelte. Sie war wirklich sehr hübsch.
„Noi, ich möchte mit diesem Mädchen spielen." Bewußt sprach er englisch.

Noi übersetzte es ihrer Kollegin. Diese stellte eine Frage, Noi antwortete. Leider sprachen die beiden wieder laotisch. Helmut verstand nichts. Schade, er hätte gerne gewußt, was die beiden zu reden hatten.

Dann kam sie. Scheu lächelnd begrüßte sie ihn mit einem Wai, die Hände flach vor der Brust zusammengelegt und sich lächelnd verneigend. Der Wai, eigentlich der traditionelle thailändische Gruß, wird von den Bargirls jedoch selten bis nie angewandt. So war Helmut auch ein wenig erstaunt, doch es gefiel ihm. Mit einer Handbewegung lud er sie ein, sich zu setzen.

„Khun tschop düüm arai? - Was möchtest Du trinken?", fragte er sie auf Thai.

„Du sprichst Thai?" Sie schien verwundert.

„Ja, ein Bißchen."

„Nein, Du sprichst sehr gut Thai."

„Danke, wie heißt Du?"

„Nok[1] und Du?"

„Helmut."

„Von wo kommst Du?"

„Aus Deutschland"

„Deutschland ist bestimmt sehr schön. Ich möchte gerne einmal nach Deutschland fahren. Im Fernsehen habe ich es gesehen, in Deutschland gibt es sehr viel Schnee. Ich möchte gern einmal Schnee sehen. Ist es nicht gefährlich, wenn der Schnee herunterfällt?"

„Gefährlich?" Helmut verstand diese Frage nicht.

„Ich habe gesehen, daß der Schnee oft mehr als einen Meter hoch ist. Ich denke mir, daß es nicht gut ist, wenn man von dem Schnee getroffen wird.

Helmut mußte lachen.

„Wie stellst Du Dir das vor, wenn es schneit? Der Schnee fällt ganz langsam in kleinen Flocken. Vielleicht ähnlich wie Regen. Dachtest Du etwa, eine Schneedecke von einem Meter Höhe fällt in einem Stück zur Erde?"

Sie lächelte verlegen. Offensichtlich schämte sie sich über ihre Unwissenheit. Jetzt tat es Helmut leid, über sie gelacht zu haben.

„Nicht immer liegt in Deutschland Schnee. Manchmal ist es dort auch so warm wie in Thailand."

Jetzt lachte sie und schüttelte den Kopf. Das glaubte sie ihm nun doch nicht.

„Woher kommst Du?", fragte Helmut.

„Aus Thailand."

„Toll, das weiß ich auch. Ich meine, aus welchem Teil Thailands kommst Du. Kommst Du aus dem Issaan?"

---

[1] *Nok. Deutsch: Vogel.*

„Ja, ich komme aus dem Issaan, aus einem kleinen Dorf in der Nähe von Udon - thani[1]“

„Erzählst Du mir von Dir?“

„Was?“

„Alles!“

„Nein,“ sie lachte „alles erzähle ich Dir natürlich nicht. Aber etwas.“ Und sie begann tatsächlich über sich zu erzählen:

In einem kleinen Dorf im Issaan war sie aufgewachsen. Nach gescheiterter Ehe war sie über Bangkok nach Phuket gekommen. Ihre zwei Kinder wuchsen bei ihrer Mutter auf. Nok war noch nicht lange in Phuket. Sie lebte mit ihrer Schwester, die an der selben Bar arbeitete wie sie und fünf anderen Mädchen in einer kleinen Hütte, etwas außerhalb des Ortes. Eine Einrichtung besaßen sie dort nicht, keine Betten, keine Schränke, keinen Tisch und keine Stühle. Die Mädchen schliefen auf Binsenmatten auf dem Boden. Während Nok sprach, beobachtete Helmut sie. Ein hübsches Mädchen, klein, zierlich. Sie trug enge Jeans und ein schwarzes Oberteil. Außer einem kleinen Buddha - Amulett[2] aus Kupfer trug sie keinen Schmuck. Sie schien auch keinen zu besitzen. Sie machte den Eindruck, sehr arm zu sein.

Das kupferne Buddha - Amulett trug sie, wohl weil sie kein Geld für eine Kette hatte, an einer einfachen Schnur um den Hals. Erstaunlicherweise hatte sie keine Augenbrauen. Statt dessen hatte man ihr dort breite schwarze Linien eintätowiert.

„Warum hast Du keine Augenbrauen?“, fragte Helmut.

„Früher war ich Nonne“, erklärte Nok, „Nonnen haben keine Haare. Man hat mir den Kopf geschoren und die Körperhaare ausgezupft. Sie wachsen nicht wieder.“

„Hast Du gar keine Haare am Körper?“, fragte Helmut grinsend.

Nok errötete, gab jedoch keine Antwort.

„Einen hübschen Anhänger hast Du.“ Helmut deutete auf das Buddha – Amulett.

„Gefällt er Dir?“ Sie strahlte. Sie schien sehr stolz auf dieses Amulett zu sein.

„Das ist ein ‚Luang phoo khun‘ Es beschützt mich vor allem Unheil. Es ist sehr heilig. Nie im Leben werde ich mich von ihm trennen! Mein ‚Luang phoo khun‘ ist schon sehr, sehr alt und sehr wertvoll.“

---

[1] *Udon - thani, oft nur ‚Udon‘ genannt, ist eine Provinzhauptstadt im Nord - / Osten Thailands. Udon ist nicht weit von der laotischen Grenze entfernt.*
[2] *Ein solches Buddha – Amulett (Thai: ‚Luang phoo khun‘) trägt nicht unbedingt ein Abbild Buddhas. Häufig sind auch verdienstvolle Mönche darauf abgebildet-*

Das Amulett schien wirklich sehr alt zu sein. Die Schriftzeichen auf der Rückseite waren abgewetzt und kaum noch lesbar. Wie viele Menschen, sicher waren es Nonnen, hatten dieses Amulett wohl schon getragen?

Dieses Mädchen interessierte Helmut. Er würde gern die folgende Nacht mit ihr verbringen. Was also lag näher, als sie zu fragen.

„Khun pai rongraem kap phom mai - Gehst Du mit mir ins Hotel?", wollte er sie fragen.

Nur die beiden ersten Worte kamen ihm über die Lippen.

„Khun pai..." Sie lächelte ihn an.

Helmut wußte selbst nicht warum, aber er wandelte den angefangenen Satz um.

„... gin khao kap phom mai", vervollständigte er den angefangenen Satz. „Gehst Du mit mir essen?"

Sie überlegte, sprach ein paar Worte mit ihrer Kollegin, überlegte erneut. Dann stimmte sie scheu lächelnd zu.

„Ich kenne ein kleines Restaurant in der Nähe", sagte sie. „Ich war noch nie dort, aber die Touristen gehen oft dorthin. Es soll dort sehr gut sein und gar nicht teuer."

„OK, gehen wir."

Es war ein typisches Touristenrestaurant: Deutsches Bier vom Faß, Sauerkraut, Schweinshaxe, Frankfurter Würstchen mit Pommes - Frites. Das hatte ihm gerade noch gefehlt.

Glücklicherweise gab es dort auch thailändisches Essen. Helmut bestellte eine „Tom jang gung[1]". Nok aß „Grapau mu" (Schweinefleisch mit Gemüse). Das Essen in diesem Restaurant war jedoch äußerst fade, also für Touristen. Sie mußten kräftig nachwürzen.

„Schmeckt es Dir?", fragte er.

„Ja, sehr gut."

Helmut sah sie fragend an.

„Nein, es schmeckt nicht."

Und wie eine Entschuldigung fügte sie hinzu:

„Ich muß es wissen, früher war ich Köchin." Ein wenig Stolz schwang in ihrer Stimme.

„Früher habe ich in Bangkok gearbeitet, in einem Restaurant als Köchin."

Sie hatte einen Beruf, sie war Köchin. Was machte sie hier auf Phuket? Erstmals wurde Helmut bewußt, daß viele dieser Mädchen sicher irgendeinen Beruf erlernt hatten. Sie waren hier, an den Bars, gestrandet und ver-

---

[1] ‚Tom jang gung' ist ein thailändisches Nationalgericht. Es handelt sich um eine süß - saure Suppe mit Garnelen. Wenn sie nach thailändischer Sitte, also nicht für Touristen, gewürzt ist, kann sie höllisch scharf sein. Tom jang gung wird meist in Verbindung mit Reis gegessen.

dienten ihr Geld, indem sie mit den Touristen schliefen. Mit wie vielen war die Kleine wohl schon für ein paar Mark ins Bett gegangen? Der Gedanke hieran schmerzte ihn ein wenig. Er mochte sie. Sie tat ihm irgendwie leid. Beide hing ihren eigenen Gedanken nach.

„Wie lange hast Du in Bangkok gelebt?"

„Ein Jahr."

„Dann kennst Du Bangkok sicher recht gut?"

„Nein, gar nicht. Ich habe in Bangkok nur gearbeitet, fast jeden Tag. Das Restaurant, in dem ich gearbeitet habe, war ein Straßenrestaurant an der Ratchaprarop - Straße im Stadtteil Pratunam. Hierhin kommen nur wenige Touristen. Ich kenne lediglich die Ratchaprarop und den Pratunam - Markt. Hier mußte ich jeden Morgen, bei Sonnenaufgang, einkaufen. Danach habe ich das Essen vorbereitet. Gegen zehn Uhr öffnete das Restaurant und bis ein Uhr nachts habe ich dann gekocht. Nein, ich kenne Bangkok nicht. Ich habe nur gearbeitet."

„Hattest Du nie einen freien Tag?"

„Doch, aber dann mußte ich meine eigenen Sachen besorgen; Wäsche waschen, bügeln, Kleidung flicken und was sonst noch anfällt."

„Hast Du wenigstens viel Geld verdient?"

Sie lachte. „Du hast keine Ahnung! Ich hatte kostenlos Essen und Trinken, ich hatte ein Dach über dem Kopf, wir schliefen zu fünft in einem Raum, und ich bekam ein kleines Gehalt, nicht viel. Das Geld habe ich meiner Mutter geschickt, für die Kinder. Aber die Arbeit hat mir viel Spaß gemacht. Jeden Tag hatten wir viel zu lachen. Wir waren alle gute Freunde."

„Du warst ein Jahr in Bangkok und hast Bangkok nicht gesehen? Warst Du nie in den großen schönen Tempeln, hast Du nie den Königspalast gesehen?"

„Nein, aber nicht weit von meiner Arbeitsstelle steht das höchste Hotel der Welt. Jeden Tag habe ich es mir angesehen. Es ist so furchtbar hoch. Eine Freundin von mir hat gesagt, eine einzige Nacht dort ist so teuer, wie wir in einem ganzen Monat verdienen. Es muß schön sein, einmal dort zu wohnen."

„Bist Du niemals ausgegangen?"

„Doch, einmal. Zusammen mit einer Freundin habe ich den Film ‚Titanic' gesehen. Das war wunderschön und so traurig. Ich habe geweint, als der Geliebte der hübschen Frau im Meer ertrunken ist. Und die Musik von diesem Film ist meine Lieblingsmelodie. Immer, wenn ich sie höre, muß ich weinen."

Was war das für ein eigentümliches Mädchen. Schade, daß sie Bangkok nicht kannte. Helmut hatte vor, nach Bangkok zu fahren. Da wäre eine einheimische Führerin sicher von Vorteil gewesen.

„Gehen wir?", fragte er unvermittelt.

„Ich möchte Dir noch zeigen, wo ich wohne", antwortete sie.
„OK."
Helmut bezahlte, er gab kein Trinkgeld. Das Essen hier war zu schlecht.
Als sie das Restaurant verließen, waren riesige Wolken aufgezogen. Die ersten Tropfen fielen schon.
„Es ist nicht weit", sagte sie, „wir müssen schnell gehen."
Doch sie waren noch nicht weit gekommen, da schüttete es wie aus Eimern. Nirgendwo eine Stelle zum Unterstellen. In Sekunden waren sie bis auf die Haut durchnäßt. Jetzt war es egal. Im strömenden Regen gingen sie durch die Straßen. Sie hatten sich an den Händen gefaßt, der Regen machte ihnen nichts mehr aus. Von den Einheimischen wurden sie kopfschüttelnd beobachtet. Diese Fremden sind doch recht sonderbar.
Vollständig durchnäßt erreichten sie ihre Hütte. Er wollte eintreten, doch sie hielt ihn zurück.
„Meine Freundinnen schlafen noch."
Durch die offene Tür sah er einige mehr oder weniger bekleidete junge Frauen auf dem Boden liegen. Nok ging allein hinein, um sich umzuziehen. Er setzte sich auf eine Bank vor der Hütte. Nok kam noch einmal zurück, um ihm eine Flasche Wasser und ein Handtuch zu bringen.
Was nutzte ihm das Handtuch, er war völlig durchnäßt. Ein Schluck kühlen Wassers war jedoch etwas Gutes. Er genoß es geradezu.
Eine alte zahnlose Frau näherte sich ihm. Mit quäkiger Stimme sprach sie ihn an. Er verstand kein Wort. War das etwa Thai, was sie sprach? Die Alte redete und redete. Hin und wieder nickte Helmut, ohne zu verstehen, was sie gesagt hatte. Wenn die Alte bloß endlich ginge.
Aber die Alte ließ sich nicht abschütteln. Sie setzte sich zu ihm auf die Bank und bediente sich an seinem Wasser. Mit Ihrem zahnlosen Mund trank sie direkt aus der Flasche. Helmut hatte keinen Appetit mehr auf das Wasser und er ließ es ihr. Mehrfach hielt sie ihm die Flasche hin. Er lehnte ab.
„Mai hiu – Hab' keinen Durst."
Endlich kam Nok zurück. Sie hatte frische Kleider an.
„Du bist hübsch", sagte er, „neues Kleid?"
„Danke, aber das sind nicht meine Kleider. Eigentlich haben wir Mädchen hier kaum eigene Kleider, wir tauschen sie untereinander. So hat jedes Mädchen immer etwas Neues zum anziehen."
„Gehen wir?"
„OK."
Langsam, wieder Hand in Hand, gingen sie zu ihrer Bar zurück. Noi schien bereits zu warten. Die ersten Gäste waren schon da. Auch an den anderen Bars waren bereits Gäste, die sich mit den Bargirls unterhielten, spielten und Bier tranken.

Völlig durchnäßt setzte sich Helmut an den Bartresen. Nok schenkte ihm ein Bier ein, im Glas mit Schaum, mußte ihn dann jedoch alleinlassen. Sie mußte sich auch um die anderen Gäste kümmern. Helmut trank das Bier recht schnell. Dann bezahlte er.
„Kommst Du wieder, Helmut?"
„Ja, heute Abend."
Nok lächelte.
Er ging. Nach etwa fünfzig Metern drehte er sich um und ging zur Bar zurück.
„Noi!"
„Ja, Helmut?"
„Du brauchst heute Abend nicht mit mir zu gehen. Das Spiel heute Morgen war nur Spaß."
„Wirklich nicht, Helmut?"
„Nein."
„Danke Helmut, ich mag Dich."
Er ging zur Hauptstraße, um ein Taxi anzuhalten. Als er an seinem Hotel ausstieg, hinterließ er auf dem Plastiksitz, dort wo er gesessen hatte, eine große Pfütze.
Helmut duschte und zog sich frische Kleidung an. Jetzt ging es ihm besser. Er hatte Hunger. In dem Touristenrestaurant hatte er nur wenig gegessen.
Am Swimmingpool des Hotels war ein kleines Restaurant. Dort konnte man recht gut essen. Obwohl auch hier fast ausschließlich Touristen waren, gab es gutes thailändisches Essen. Es war nicht einmal teuer. Helmut war hier schon sehr oft gewesen. Die Bedienung dort, eine thailändische Frau, sie war etwa 35 Jahre alt, hatte stets ein mürrisches Gesicht. Er hatte sie insgeheim ‚Pujin mai jim' - die Frau, die niemals lächelt - getauft. Er mochte sie nicht (erst Jahre später erfuhr er, daß er sich in ihr getäuscht hatte. Sie war sehr nett. Tatsächlich hieß sie Porn, aber auch das wußte Helmut noch nicht).
Ohne zu fragen stellte ihm ‚Pujin mai jim' eine Flasche Singha - Bier hin.
„Ein Glas bitte!"
Sie brachte es ihm.
„Willst Du etwas essen?"
„Ja, gebratenen Reis mit Schweinefleisch."
Sie gab keine Antwort und schlurfe davon. Als sie das Essen servierte, fragte sie spöttisch:
„Allein heute?"
Ihr war offensichtlich nicht entgangen, daß er sich am Morgen von seiner Begleiterin getrennt hatte.
„Nein, ich bin nicht allein. In meinem Zimmer warten zehn Frauen auf mich!"
„Übernimm Dich nicht, Du bist schon alt."

Während des Essens mußte er immer wieder an das Mädchen aus der Bar denken. Jetzt saß er hier allein und langweilte sich. Warum hatte er sie nicht mitgenommen? Sie wäre bestimmt mit ihm gegangen und sie hätten heute Nacht viel Spaß miteinander gehabt.
Bis zum Dunkelwerden saß er im Restaurant am Swimmingpool. ‚Pujin mai jim' beachtete ihn kaum.
Dann stand er auf, ging in sein Zimmer und zog sich um. Seine Kleidung war schon wieder durchgeschwitzt. Helmut wollte die Nacht nicht allein verbringen. Nun gut, er würde Don wieder treffen. Helmut nahm ein Taxi und fuhr in den Nachbarort Patong. Hier spielte sich das Nachtleben ab. Es reihten sich hier Bar an Bar, Hunderte von Bars, besetzt mit Tausenden von willigen Bargirls. In Patong „ging die Post ab".
Helmut näherte sich der Bar von Don. Sie sah ihn nicht. Sie saß neben einem blonden Europäer. Sie lachte und dann, unvermittelt küßte sie ihn. Er legte eine Hand auf ihre Brust. Das schien ihr zu gefallen, sie lachte schrill.
Das war´s. Dann lieber allein. Er setzte sich an eine der anderen Bars. Sofort setzte sich eins der Mädchen zu ihm.
„Bezahlst Du mir einen Drink?"
„Ein Heineken, mehr nicht." Warum sind die bloß so schrecklich aufdringlich?
„Ich möchte aber lieber einen Cocktail."
„Ein Heineken, oder gar nichts."
„OK, ein Heineken."
Sie saß neben ihm. Langsam legte sie ihre kleine Hand auf seinen Oberschenkel. Sie lehnte den Kopf an seine Schulter. Sie war hübsch, eine nette Gefährtin für diese Nacht. Aber er dachte an die Andere mit dem Buddha - Amulett.
„Gehe ich mit Dir heute Nacht?", flüsterte das Mädchen ihm ins Ohr.
„Nein."
„Warum, gefalle ich Dir nicht?"
„Doch, Du bist hübsch, aber es ist besser, wenn Du mich allein läßt."
Sie war beleidigt, stand auf und ging. Er war wieder allein. Was soll's. Helmut bezahlte, nahm ein Taxi und fuhr zum Hotel zurück.
Er warf sich auf´s Bett. Er wollte schlafen. Die Klimaanlage in seinem Raum verursachte einen höllischen Lärm. Früher war ihm das nie aufgefallen. Es war kalt im seinem Zimmer, er fror. Er versuchte, die Klimaanlage kleiner zu stellen. Es ging nicht, sie war wohl defekt. Man konnte sie nicht regeln. Sie ließ sich nur ein- oder ausschalten. Er schaltete sie aus. Die Ruhe war angenehm. Nach kurzer Zeit stieg die Temperatur. Die Hitze wurde unerträglich. Er drehte sich von einer Seite auf die andere. Dauernd mußte er an das Mädchen mit dem Buddha - Amulett denken. Er bekam kein Auge zu. Es war einfach zu heiß. Er stand auf, um die Klimaanlage wieder einzu-

schalten. Der Lärm der Anlage nervte ihn. Nach einer halben Stunde hatte er Grönland - Temperaturen im Zimmer. Er fror.

Helmut stand auf und ging zur Rezeption, um sich zu beschweren. Man verstand ihn, man gab ihm recht. Helfen könne man ihm allerdings nicht. Jedenfalls nicht sofort. Ob er nicht umziehen wolle, schlug man ihm vor. Direkt am Swimmingpool werde Morgen ein Bungalow frei. Etwas teurer als sein Zimmer, aber wesentlich schöner. In den Bungalows sind neue Klimaanlagen, erklärte man ihm. Die sind nicht so laut.

„OK. Morgen ziehe ich um."

Er ging ins Restaurant am Swimmingpool. ‚Pujin mai jim' (die Frau, die niemals lächelt) stellte ihm erneut, ohne daß er bestellt hatte, eine Flasche Singha - Bier hin.

„Ein Glas, bitte!"

Sie schlurfte davon und holte ein Glas. Würde diese Frau nie lernen, daß er sein Bier aus einem Glas trank?

„Immer noch allein?" Helmut spürte Schadenfreude in ihrer Stimme.

„Dummer Wasserbüffel."

Sie ging. Er trank das Bier und überlegte, was er heute noch machen wollte. Er war unzufrieden, wütend auf sich selbst. Warum auch hatte er die Kleine mit dem Buddha - Amulett nicht mitgenommen. Sie saß ihm irgendwie im Kopf.

Er bezahlte. Er hatte sich entschlossen, dieses Mädchen wieder zu sehen. Er ging zur Straße hinunter und hielt ein Taxi an. Er nannte dem Fahrer die Adresse.

„300 Baht", sagte der Fahrer. Ein unverschämter Preis.

„Du hast mich falsch verstanden. Ich wollte nicht Dein Taxi kaufen. Ich wollte lediglich damit fahren. Wieviel?"

„300 Baht."

„Lieber gehe ich zu Fuß."

Der Fahrer zuckte die Schultern und fuhr. Helmut ging zu Fuß.

Es war ein weiter Weg. Die Bucht von Karon ist sehr lang. Er war müde und abgespannt, als er die ersten Bars auf der anderen Seite der Bucht erreichte. Gleich an der ersten Bar ließ er sich nieder.

„Ein Singha - Bier."

„Spendierst Du mir etwas zu trinken?"

„Ein Heineken, mehr nicht." Er kannte das Mädchen, sie hieß Lek.

Lek servierte, gab ihm ein Glas und schenkte ein.

„Mit Schaum, ich weiß."

„Hat ja auch lange genug gedauert, bis Du es gelernt hast."

„Nächste Woche fahre ich nach Bangkok, Helmut. Dort verdiene ich sehr viel Geld. Wenn Du in Bangkok bist, besuchst Du mich dann einmal?"

„Sicher."

„Ich gebe Dir die Adresse."
„Nicht nötig, ich finde Dich schon. Bangkok ist ja nicht groß."
Lek schien die Ironie nicht zu merken, sie ließ sich nicht beirren, sie meinte
es ernst. Auf einen winzigen Zettel schrieb sie ihre neue Adresse. Es war
die Adresse einer Gogo - Bar in Patpong, einem Amüsierviertel Bangkoks.
„Bald habe ich ganz viel Geld."
„Sicher! Bald hast Du ein eigenes Haus, ein Fernsehgerät, ein großes Auto,
ein Telefon und vieles mehr."
„Und Schmuck", ergänzte sie, „viel goldenen Schmuck."
„Dafür wirst Du lange Zeit jeden Idioten bumsen müssen", antwortete er
grinsend, „Aber Dich nimmt keiner, Du hast Aids."
„Ich habe kein Aids!"
„Doch, Du hast Aids. Jeder hier weiß es."
„OK, ich habe Aids, aber nur ein Bißchen. Der Arzt hat gesagt, ein Bißchen
schadet nicht."
„Khun baba bobo. - Du bist verrückt."
„OK, ich bin verrückt. Was soll's. Männer mögen verrückte Frauen. Krieg ich
noch ein Bier, Helmut?"
„Nein, ich gehe jetzt. Laß mich bezahlen."
„Vergiß nicht, mich in Bangkok zu besuchen. Für Dich mache ich einen
Sonderpreis, bestimmt!"
Weitere zehn Minuten hatte Helmut zu gehen. Dann sah er die Bar des
Mädchens mit dem Buddha - Amulett. Sie schien allerdings nicht da zu sein.
Helmut setzte sich und bestellte bei Noi ein Singha - Bier.
„Die Kleine von heute Vormittag, wo ist sie?"
„Welche?"
„Die, mit der ich essen gegangen bin."
„Ach, Nok. Keine Ahnung, wo sie ist. Sie wird wohl mit einem Mann gegan-
gen sein. Hier sind genug andere Mädchen, nimm Dir eine andere."
Er nickte. „Scheiße!"
Er bezahlte und ging. Er nahm ein Taxi und bezahlte jetzt anstandslos 300
Baht. Egal. Gegen ein Uhr nachts war er zurück im Hotel. Die Klimaanlage
ließ sich jetzt regeln. Inzwischen hatte man offensichtlich an der Anlage ge-
arbeitet. Am Lärm hatte sich jedoch nichts geändert. Aber endlich konnte er
schlafen, allerdings allein.
Erst sehr spät erwachte er. Er duschte und ging frühstücken. ‚Die Frau, die
niemals lächelt' servierte ihm das Frühstück. Eigentlich war es schon Zeit
zum Mittagessen.
„Immer noch allein? Dich mag wohl keine, oder?", fragte ‚die Frau, die
niemals lächelt'.
„Du weißt doch, in meinem Zimmer warten stets zehn Frauen auf mich."
„Dazu bist Du doch schon viel zu alt."

„Gut, daß Du nicht zu meinen zehn Frauen gehörst."
„Ja, wirklich gut."
Nach dem Frühstück packte er seine Sachen und zog um, in den Bungalow am Swimmingpool.
Hier war es wirklich viel schöner. Die Mehrausgabe schien sich zu lohnen. Er verstaute seine Kleidung in den Schränken. Dann nahm er ein Bad im Pool und legte sich auf eine der zahlreichen Liegen. Nun begann er, den heutigen Tag zu planen.
Verdammt, das Mädchen mit dem Buddha - Amulett saß ihm immer noch im Kopf.
Er zog sich an, bestieg ein Taxi und fuhr erneut zur Barstraße. Vielleicht war die Kleine ja schon da und ging mit ihm.
Er sah sie schon von weitem. Sie lächelte ihn an. Sie schien sich zu freuen, ihn zu sehen. Er setzte sich an die Bar. Erneut machte sie zur Begrüßung einen Wai. Sie sah hübsch aus.
„Hallo, Muut hel", hauchte sie.
„Helmut", verbesserte er sie.
„Entschuldige bitte, die Namen der Fremden sind so schwer zu merken."
Sie wiederholte, um sich den Namen einzuprägen: „Helmut, Helmut, Helmut."
„Setz Dich zu mir. Was möchtest Du trinken, Heineken?"
„Danke. Aber ich trinke keinen Alkohol."
„Aber gestern hast Du doch auch..."
„Gestern hatte ich Angst, daß Du wieder gehen würdest, wenn ich nichts trinke. Kann ich einen Orangensaft haben?"
„Natürlich."
Sie bestellte bei ihrer Kollegin:
„Ein Singha - Bier und einen Orangensaft. Nimm das Bier von unten aus der Eiskiste, das ist kühler."
Als das Mädchen servieren wollte, nahm Nok ihr die Flasche aus der Hand.
„Ein Glas", sagte sie, „dieser Mann trinkt nicht aus der Flasche. Merk' es Dir!"
Das Mädchen brachte gehorsam ein Glas. Es war randvoll mit Eiswürfeln. Nok kippte die Eiswürfel auf die Erde. Dann schenkte sie ein.
„Mit Schaum, ich weiß." Nok lächelte ihn an.
Sie stießen an: „Tschok dii kha."
„Tschok dii khap."
Sie nahm seine Hand in die ihre.
„So viele Mückenstiche. Das tut sicher sehr weh."

Sie kramte in ihrem kleinen Täschchen. Sie fand ein kleines Glas Tiger - Balm[1]. Damit strich sie die Einstichstellen an seinen Händen ein.

„Tiger - Balm hilft etwas", sagte Nok.

Nachdem sie seine Hände mit Tiger - Balm eingerieben hatte, machte sie einen Vorschlag:

„Was machen wir, Helmut? Spielen wir ‚Vier gewinnt'?"

„OK."

„Um was spielen wir?"

„Wenn Du gewinnst, lade ich Dich zum Essen ein. Verlierst Du, mußt Du das Essen bezahlen." Helmut grinste.

„Ich habe kein Geld. Wenn ich verliere, kann ich nicht bezahlen."

„OK. Macht nichts."

Natürlich ließ er Nok gewinnen. Sie hatte offensichtlich gar keine Ahnung von diesem Spiel. Sie spielte wie eine absolute Anfängerin. Es war gar nicht so einfach, so viele Fehler zu machen, daß sie gewinnen mußte. Aber sie gewann und sie freute sich. Mehr noch, sie war stolz auf sich.

Sie gingen essen. Dieses Mal suchte Helmut das Restaurant aus. Mit dem Taxi fuhren sie in den Nachbarort ‚Kata'. Hand in Hand gingen sie dann die Straßen entlang. Viele Stufen führten auf einen kleinen Hügel. Oben war das Restaurant. Von hier aus hatte man einen schönen Ausblick auf den kleinen Ort. Sie saß neben ihm und hielt seine Hand. Helmut wollte diese Frau haben.

„Nok, bleibst Du über Nacht bei mir?"

„Ja."

Spontan hatte sie geantwortet. Offensichtlich hatte sie diese Frage erwartet. Wie oft wohl schon hatte sie auf diese Frage mit „ja" geantwortet um ein paar Mark zu verdienen, fragte sich Helmut. Irgendwie schmerzte ihn der Gedanke. Warum sind sie nur alle so leicht zu haben. Für Geld tun sie alles.

Nach dem ausgezeichneten Essen bummelten sie durch die beiden Nachbarorte Kata und Karon. Sie setzten sich an die unterschiedlichen Bars, tranken jeweils ein Singha - Bier und einen Orangensaft. Dann spielten sie Minigolf. Dieses Spiel kannte Nok noch nicht. Es gefiel ihr gut. Sie strahlte, als sie ihn auch hierin besiegt hatte.

Nach dem Spiel, beim Spazierengehen am Strand, trafen sie ein weiteres Barmädchen. Nok stellte es als ihre jüngere Schwester vor. Beide arbeiteten an derselben Bar.

---

[1] *Tiger - Balm ist eine in Thailand hergestellte Salbe, die verschiedene Kräuter und Menthol enthält. Die Thai schwören auf ihren Tiger - Balm. Er hilft angeblich gegen fast alles, Einbildung tut ein übriges.*

Ihre Schwester hatte Nok bereits gesucht. Sie solle nicht an die Bar zurückkehren, sagte sie. Sie waren entlassen worden, den Grund dafür erfuhr Helmut nicht.

„Bleibst Du heute Nacht bei ihm?", fragte ihre Schwester.

„Ja."

„Gut für Dich. Wir haben keine Wohnung mehr."

Ihre Schwester verabschiedete sich und ging. Es war schon dunkel geworden, als sie im Hotel von Helmut ankamen. Sie setzten sich in das Restaurant am Swimmingpool. ‚Die Frau, die niemals lächelt' bediente sie. Sie warf
Helmut einen vorwurfsvollen Blick zu. Warum wohl? Weil er ein neues Mädchen hatte?

„Ein Singha - Bier und einen Orangensaft", bestellte er.

„Nein, keinen Orangensaft!", fuhr Nok dazwischen.

„Was möchtest Du denn?"

„Bier! Bier und Whisky."

„Meinetwegen." Er bestellte.

Sie trank den Whisky in einem Zug, mußte husten und bekam kaum Luft.

„Schmeckt´s?"

„Sehr gut." Sie konnte kaum sprechen.

„Trinkst Du oft Whisky?"

„Jeden Tag." Er merkte, sie log.

Nok bestellte einen weiteren Whisky. Diesen trank sie jedoch langsam und
vorsichtig. Helmut beobachtete sie. Was war das, wollte sie sich betrinken?
Zwei Whisky werfen eine thailändische Frau um, dazu das Bier, das konnte
ja lustig werden.

‚Die Frau, die niemals lächelt' sprach Nok an. Sie unterhielten sich. Natürlich sprachen sie laotisch, zusätzlich recht schnell. Helmut sollte nichts verstehen können.

Und dann, Helmut traute seinen Augen kaum, nahm ‚die Frau, die niemals
lächelt' Nok in die Arme und drückte sie an sich. Sie streichelte Nok über
das Gesicht und, es war kaum zu glauben, sie lächelte.

Nok war recht einsilbig geworden. Sie sprach kaum noch. Von Zeit zu Zeit
bestellte sie Whisky.

„Nok, trink nicht so viel."

„Bitte, Helmut. Ist nicht teuer."

Nok ging zur Toilette. Sie war betrunken. Er sah ihr nach, wie schwankend
am Swimmingpool entlang ging. Fast wäre sie hineingefallen.

„Fremder?" Die Frau, die niemals lächelt, sprach ihn an.

„Ja?"

„Fremder, dieses Mädchen ist etwas ganz besonderes. Sie ist nicht wie die
anderen, die Du sonst immer hast. Dieses Mädchen ist gut, vergiß es nicht.
Sei bitte recht nett zu ihr. Versprichst Du mir das?"

Was sollte das. Helmut verstand diese Bitte als Unverschämtheit.

„Ich weiß selbst, was ich tue. Ich brauche Deine Ratschläge ganz bestimmt nicht!", erwiderte er scharf.

‚Die Frau, die niemals lächelt' zuckte die Schultern und ging.

Nok setzte sich wieder neben ihn. Offensichtlich hatte sie die Unterhaltung mit der ‚Frau, die niemals lächelt' beobachtet.

„Warum warst Du so grob zu dieser Frau?"

„Sie ist ein Büffel!"

Nok fragte nicht weiter.

„Komm jetzt", sagte er. Er bezahlte. Sie gingen zu seinem Bungalow. ‚Die Frau, die niemals lächelt' sah ihnen nach. Nok war total betrunken. Er mußte sie beim Gehen stützen. Irrte er sich? Helmut glaubte zu spüren, daß Nok zitterte.

Er schaltete die Klimaanlage im Bungalow aus. Es war wirklich ein Bißchen zu kalt. Nok schien das Badezimmer zu suchen.

„Dort!" Er zeigte auf die Tür.

Nok ging. Lange blieb sie im Badezimmer. Endlich kam sie zurück. Sie hatte sich ausgezogen und in ein Handtuch gewickelt. Sie sah niedlich aus. Er nahm sie in die Arme. Ja, sie zitterte. Scheiß Klimaanlage.

Er schob sie zum Bett. Sie lagen nebeneinander. Er streichelte ihr Gesicht. Dann zog er ihr vorsichtig das Handtuch weg. Nok machte unwillkürlich eine Abwehrbewegung, gab dann jedoch auf und lies es geschehen. Er begann ihren Körper zu streicheln. Sie hatte kleine feste Brüste. Sie zitterte nicht mehr. Er beugte sich über sie, um sie zu küssen. Nok schlief. Scheiße!

Helmut stand auf und zog sich an. Nok schlief friedlich weiter. Er verließ den Bungalow und setzte sich in das kleine Restaurant am Swimmingpool. Von hier aus konnte er seinen Bungalow überblicken.

‚Die Frau, die niemals lächelt' sah ihn fragend an.

„Ein Singha - Bier."

Sie brachte es ihm, dazu ein Glas und - es war das erste Mal - sie schenkte ihm das Bier ein, mit Schaum, sie wußte es.

Helmut lehnte sich zurück und betrachtete die Sterne. Nachts, wenn die große Hitze vorbei ist, ist Thailand wunderschön. Er lauschte dem Zirpen der Grillen. Er beobachtet zwei Geckos an der Hauswand bei ihren Bemühungen, Moskitos zu fangen. ‚Pujin mai jim' lächelte ihn an.

„Noch ein Bier, Helmut?" Das erste Mal sagte sie „Helmut" zu ihm. Bisher hatte sie ihn stets „Fremder" genannt.

„Gern, danke."

Da saß er nun. Er hatte das Mädchen, um welches er sich so bemüht hatte und war doch allein. Es war schon ein eigentümlicher Tag gewesen.

Helmut wurde müde. Er ging in seinen Bungalow zurück und legte sich ins Bett. Nok schlief immer noch. Sie hatte nicht gemerkt, daß er fort gewesen war.

Am anderen Morgen erwachte Helmut etwa gegen sieben Uhr. Es war schon lange hell.
Während der Nacht war Nok dicht an ihn herangerückt und hatte im Schlaf ihre Arme um ihn gelegt. Ihr Kopf ruhte jetzt auf seiner Schulter. Die Bettdecke war zum Fußende gerutscht. Helmut betrachtete Nok. Sie schlief noch fest.
Das Buddha - Amulett lag zwischen ihren kleinen Brüsten. Hübsch war Nok, wirklich hübsch.
Vorsichtig streichelte er mit einer Hand ihren Rücken. Von dieser Berührung erwachte Nok. Einen Augenblick schien sie sich zu besinnen, wo sie war. Sie blickte ihn fragend an. Dann erst begriff sie, daß sie nackt war. Blitzschnell zog sie die Bettdecke bis zu ihrer Nase hoch und schloß die Augen. Sie schien sich zu schämen.
Langsam zog er die Bettdecke wieder nach unten. Sie ließ es geschehen. Er begann sie erneut zu streicheln.
Plötzlich richtete Nok sich auf und kniete im Bett. Sie nahm das kleine Buddha - Amulett, das sie um den Hals trug, ab. Sie legte es zwischen ihre zusammengelegten Hände. Die Hände führte sie zur Stirn, ihre Daumen lagen an ihrer Nasenwurzel. Sie verbeugte sich. Dann legte sie das Amulett, mit dem Kopf nach unten, auf den Nachttisch.
Was nun kam, sollte Buddha nicht mit ansehen müssen.

Gemeinsam gingen sie frühstücken. ‚Die Frau, die niemals lächelt' bediente sie. Sie warf Nok einen fragenden Blick zu. Nock nickte. Die beiden Frauen lächelten.
Helmut bestellte Toast mit Spiegelei und Schinken. Nok aß ‚Som tam', einen scharfen Papayasalat. Helmut schob ihr 800 Baht (ca. € 20,00) hin. Ihr Lohn für die geleistete „Arbeit".
„Dein Geld", sagte er.
„Danke." Sie schien sich zu schämen. Sie steckte das Geld ein, ohne es zu zählen. Es schien ihr egal zu sein, wieviel es war. Sie hatte die Augen niedergeschlagen.
Helmut trank einen Schluck Kaffee. Dann fragte er:
„Bleibst Du noch zwei oder drei Tage mit mir zusammen?"
Sie schien nicht zuzuhören. Er wiederholte die Frage.
„Ja, gerne." Sie strahlte. Sie schien sich zu freuen. Offenbar brauchte sie dringend Geld.

Sie gingen spazieren, durchstreiften die kleinen Orte. Sie aßen gemeinsam, tranken Bier und Orangensaft an den vielen kleinen Bars und sie schliefen zusammen. Von zwei oder drei Tagen, die sie bei ihm bleiben sollte, war nie wieder die Rede. Sie blieb einfach bei ihm und er behielt sie. Sie begannen sich zu lieben.

Helmut bezahlte Nok nie wieder. Sie verwaltete sein Geld und sie durfte sich davon nehmen, soviel sie wollte. Sie nahm nur sehr wenig.

Morgens und abends hockte sie im Bett auf ihm und massierte ihn.

Jeden Abend kniete sie vorm Bett und betete zu Buddha. Ihr Buddha – Amulett hielt sie dann zwischen den flach zusammengelegten Händen. Die Hände hatte sie zur Stirn geführt. Die Daumen lagen an ihrer Nasenwurzel. Dann verneigte sie sich vor Buddha und küßte ihr geliebtes Buddha - Amulett. Sie nahm es nicht mehr ab. Buddha durfte jetzt sehen, daß sie mit Helmut schlief.

Helmut erinnerte sich eines Tages, daß er Don versprochen hatte, ihr, wenn er eine neue Freundin hätte, diese vorzustellen.

„Laß uns in den Nachbarort fahren, nach Patong. Ich möchte dort jemanden besuchen.“

„Eine Frau?“

„Ja, ein Bargirl. Ich habe es ihr versprochen.“

Sie fuhren mit dem Taxi nach Patong. Nok war hier noch nie gewesen.

Helmut steuerte die Bar von Don an. Don hatte sie schon von weitem erblickt. Sie lächelte.

„Das ist Don und das ist Nok“, stellte Helmut vor.

Sie setzten sich an die Bar.

„Ein Singha - Bier und einen Orangensaft.“

Don servierte. Sie schenkte das Bier ein, im Glas mit Schaum. Don wußte Bescheid.

„Hübsch ist Deine neue Freundin“ bemerkte Don.

„Ich weiß?“

Das Gespräch begann zu stocken. Er wußte nicht, was er erzählen sollte. Mehr aus Verlegenheit ging er zur Toilette.

Als er zurückkam, sah er Don mit Nok sprechen. Es sah aus, als stritten die beiden Frauen. Doch als er naher kam, lächelten beide. Er hatte sich wohl geirrt.

„Noch ein Bier, Helmut?“, fragte Don.

„Gern, möchtest Du noch einen Orangensaft?“, fragte er Nok.

„Laß uns gehen, bitte!“, antworte Nok.

Helmut sah sie erstaunt an. „OK, fahren wir zurück.“

Helmut bezahlte. Auf der Rückfahrt im Taxi fragte Nok:

„Warst Du mit dieser Frau zusammen?“

„Ja, ehe ich Dich kennenlernte“

„Sie ist sehr hübsch, nicht wahr?"
„Ja, sie ist hübsch, aber ich mag sie nicht besonders."
„Warum bist Du mit mir hier hingefahren?"
„Ich hatte es Don versprochen. Wenn ich eine neue Freundin hätte, sollte ich sie ihr vorstellen."
„Das verstehe ich nicht. Du stellst mich aus, wie eine Ware? Soll Don begutachten, ob ich für Dich die Richtige bin?"
„Nein, sei mir nicht böse. Es war wohl keine gute Idee, mit Dir zu ihrer Bar zu fahren. Ich mache so etwas nicht wieder."
„Liebst Du sie?" Nok schien eifersüchtig zu sein.
„Nein, ich liebe sie nicht und ich habe sie auch nie geliebt. Ich habe sie dafür bezahlt, daß sie mit mir schläft. Das ist alles."
„Wie lange wart ihr zusammen?"
„Ein paar Tage."
Er legte den Arm um Nok und küßte sie. Nok sagte nichts mehr, aber sie war nachdenklich geworden.

Ein Monat war vergangen; ein weiterer Monat verging. Tag und Nacht waren sie zusammen. Nie hatte es Streit gegeben. Es war eine schöne Zeit. Eine Zeit wie im Paradies. Doch diese schöne Zeit ging zu Ende.
Ein Anruf aus Deutschland kam.
„Ich muß zurück nach Deutschland."
„Wann?"
„Bald schon, in drei Tagen."
Sie nickte. Sicher hatte Nok gewußt, daß diese schöne Zeit irgendwann einmal zu Ende sein würde. Das es jetzt so plötzlich kam, schien sie jedoch zu erschrecken.

Der letzte Abend:
Erstmals war Helmut allein im Ort. Er mußte noch ein paar Einkäufe tätigen, Geschenke für Freunde in Deutschland kaufen und eine Perlenkette für Nok. Oft hatte sie vor dem Juweliergeschäft gestanden und sich die Nase an der Schaufensterscheibe plattgedrückt.
Als Helmut in seinen Bungalow zurückkam, traute er seinen Augen kaum. Das Zimmer war über und über mit Blumen geschmückt. Etliche Kerzen brannten. Räucherstäbchen verbreiteten einen angenehmen Duft. Sie lächelte ihn an. Er nahm sie in die Arme und drückte sie an sich. Sie begann hemmungslos zu weinen. Ihr kleiner Körper bebte. Sie schluchzte haltlos.
Er legte ihr die Perlenkette um den Hals.
„Ich komme wieder, ganz bestimmt. In Deutschland spare ich alles Geld. In sechs Monaten bin ich wieder hier. Warte auf mich, bitte."

Sie warf sich auf Bett und vergrub das Gesicht in den Kissen. Ihr Körper bebte. Er konnte es nicht mit ansehen, auch ihm standen Tränen in den Augen.
Langsam beruhigte Nok sich etwas; und dann...
Sie kniete sich auf den Boden. Sie nahm ihr Buddha - Amulett von ihrem Hals und legte es, wie er es schon so oft gesehen hatte, zwischen ihre flach zusammengelegten Hände. Sie führte die Hände zur Stirn. Die Daumen lagen an ihrer Nasenwurzel. Sie verneigte sich. Dann küßte sie ihr Amulett ein letztes Mal. Sie stand auf und legte Helmut ihr geliebtes Buddha - Amulett um den Hals.
„Nein, es ist Deins." Helmut wollte es nicht annehmen. „Du liebst dieses Amulett."
„Ich liebe Dich, nur Dich! Buddha wird Dich beschützen. Buddha wird Dich zu mir zurückbringen."
Helmut nahm das Amulett an. Ihm war elend zu Mute. Er hatte nichts Vergleichbares, was er ihr dafür geben konnte.
Helmut liebte diese Frau - eine Prostituierte.
Und dann, als hätte sie seine Gedanken erraten, begann Nok zu sprechen:
„Du weißt, ich bin eine ‚Pujin haa gin' - eine Frau, die Essen sucht - eine Prostituierte. Ich habe für Geld mit einem Mann geschlafen. Mit einem Mann, Helmut. Mit Dir. Du warst der Erste. Du wirst auch der einzige bleiben. Ich warte auf Dich. Ich bleibe Dir treu. Schreibe mir oft, ruf mich an. Komm wieder, komm bald wieder. Ich liebe Dich. Ich warte auf Dich."

Helmut saß im Flugzeug, auf dem Rückflug nach Deutschland. Er blickte aus dem Fenster auf das endlose Wolkenmeer und sah doch nichts. Zwischen seinen zusammengelegten Händen hielt er ein kleines kupfernes Buddha - Amulett. Es war an einer einfachen Schnur befestigt. Er hob die zusammengelegten Hände mit dem Amulett an seine Stirn. Seine Daumen berührten die Nasenwurzel. Er verbeugte sich leicht. Dann küßte er das Amulett.
Eine Träne lief über seine Wange.

Der Thakarp

*In dieser Geschichte habe ich die Auswirkungen des Bisses eines Tausend-
füßlers beschrieben. Ich selbst habe einen solchen Biß nicht erlebt. So, wie
ich es hier geschildert habe, wurden mir die Auswirkungen eines solchen
Bisses von Betroffenen erzählt.*
*Ich beschreibe hier eine kleine, einsame Bar auf dem Festland, gegenüber
der Insel Phuket. Kenner der Gegend werden mir vorwerfen, daß es diese
Bar nicht gibt. Sie haben recht.*
*Diese Bar gibt es allerdings doch, aber sie liegt in einer ganz anderen Pro-
vinz. Die beiden Personen (heute glücklich miteinander verheiratet), von denen ich hier berichte, baten mich darum, den tatsächlichen Ort zu verheimli-
chen.*

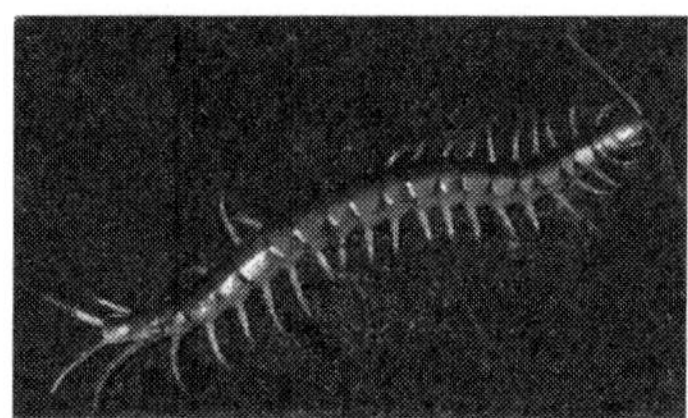

Rak khun, rak khun, rak khun, rak khun. Der
Deckenventilator erzeugte ein eigentümliches
Geräusch. Er eierte. Alles mögliche konnte
man aus dem Geräusch des Ventilators heraushören. Rak khun, rak khun, rak khun. Er
spricht: „rak khun - ich liebe Dich", hatte seine
Freundin ihm vor zwei Wochen lachend erklärt. Seitdem hörte Heinz es auch: Rak khun, rak khun.
Heinz lag auf den Fußbodendielen. Unter sich hatte er lediglich eine dünne
Binsenmatte. Die Dielen des Fußbodens waren nicht dicht gefugt. Heinz lag
auf dem Bauch. Durch die Ritzen konnte er nach unten sehen. Oft hatte er
in den letzten Wochen so gelegen und nach unten geschaut, unter seine
Hütte. Die Hütte stand auf Pfählen. Unter der Hütte befand sich dadurch ein
Freiraum mit einer Höhe von etwa einem Meter. In diesem Freiraum gab es
einiges zu beobachten, was Heinz interessierte. Nein, das waren keine
großen Dinge, eher Kleinigkeiten, Begebenheiten aus dem Leben der Klein-
tiere: Große Käfer turnten auf kleinen Zweigen. Eine Gottesanbeterin fing
ein Insekt, welches größer als sie selbst war. Einmal hatte Heinz sogar beobachtet, wie eine Schlange eine Maus erlegte. Heinz war schon immer von
Schlangen fasziniert. Er lag gerne auf dem Bauch auf seiner Binsenmatte.
Er hatte allerdings auch kaum eine andere Möglichkeit. Die Binsenmatte
war, abgesehen vom Deckenventilator, der einzige Einrichtungsgegenstand
in der Hütte. Seine wenigen Kleidungsstücke lagen auf dem Boden, in einer
Ecke der Hütte. Daneben sein Rucksack. Mehr besaß er nicht. Geld hatte er
nicht. Die erwartete Zahlung von zu Hause war ausgeblieben.

Er spürte die Bewegung neben sich. Seine kleine thailändische Freundin, sie hieß Pön, war wach geworden. Sie schmiegte sich an ihn und küßte ihn in den Nacken. Heinz empfand ihren Körper als angenehm kühl. Hieraus schloß er, daß er immer noch Fieber hatte. Hörte diese Krankheit denn nie auf? Immerhin, er fühlte sich täglich etwas besser. Ihm grauste, wenn er an die ersten Tage seiner Krankheit dachte. In Krämpfen hatte er sich gewunden, vor Schmerzen geschrieen. Das war jetzt wohl zwei Wochen her. Immer noch hatte er diese Schmerzen, doch sie waren erträglicher geworden. Lediglich die rechte Hand tat noch beträchtlich weh. Sie war auch immer noch geschwollen und rot verfärbt.

Heinz drehte sich auf den Rücken. Pön legte ihren Kopf auf seine Brust und schlang ihre Arme um ihn. Sie war ein hübsches Mädchen. Er schätzte ihr Alter auf etwa 25 Jahre. Sie hatte lange, bis zum Po reichende, schwarze Haare. Sie war klein, etwa 155 cm groß, hatte ein rundes Gesicht mit braunen Mandelaugen. Sie war immer guter Laune. Immer war sie am lächeln oder lachte. Sie war stets vergnügt.

Rak khun, rak khun, rak khun. Heinz beobachtete den Deckenventilator. Seit zwei Wochen lag er schon in dieser schäbigen Hütte. Die stickige Luft und die Hitze waren oft unerträglich gewesen. Er war gestrandet in Thailand. Dabei hatte alles so schön angefangen:

Als Tourist war er nach Phuket geflogen. Lange wollte er in Thailand bleiben. Viel länger als die üblichen Touristen. Heinz wollte Land und Leute kennen lernen. In einfachen Rasthäusern würde er schlafen. Den Kontakt mit den Einheimischen wollte er suchen. Er hatte alles recht gut geplant. Er hatte ausreichend Geld. Trotzdem trug er nie viel Bares mit sich herum. Jeden Monat ließ er sich aus Deutschland einen Betrag auf sein Konto bei der Bangkok - Bank überweisen. Diese Bank verfügt über Filialen im ganzen Land. Überall konnte er Geld abheben, immer nur soviel, wie er gerade benötigte.

Die erste Zeit lebte Heinz in Patong, auf der Insel Phuket. Der Ort Patong bot alles, was sich Touristen nur wünschen können. Hotels aller Preisklassen. Geschäfte und Verkaufsstände, die bis spät in die Nacht geöffnet hatten. Es gab große gepflegte Restaurants und Garküchen auf den Straßen sowie auf dem Essensmarkt. Es gab Veranstaltungen im Thai-Tanz und im Muai thai, dem Thaiboxen. Es gab Diskotheken, Nachtklubs mit Gogo - Girls und Bierbars[1] mit vielen hübschen Bargirls.

---

[1] *Eine Bierbar ist eine viereckige Bretterbude, etwa drei Mal drei Meter groß. Sie hat eine umlaufende Theke. Außen sitzen die Gäste auf alten Hockern. Im Innern des Vierecks befinden sich die Barmädchen.*

Die Aufgabe dieser Bargirls besteht darin, dem Gast Getränke zu servieren und ihn zu unterhalten. Diese Mädchen scheinen immer guter Laune zu sein. Stets lachen sie. Sie spielen mit den Gästen Karten, sie würfeln und sie haben etliche Geschicklichkeitsspiele, die sie meist meisterhaft beherrschen. Die Mädchen flirten mit den Gästen und solch ein Mädchen geht auch mit dem Gast in sein Hotel, wenn er sie darum bittet. In diesem Fall zahlt der Gast eine Ablösesumme in Höhe von 200 Baht (etwa € 5,00) an den Barbesitzer. Den Preis für das Mädchen handelt er in der Regel mit ihr selbst aus.

Unzählige dieser Bierbars reihen sich in Patong aneinander. Tausende von willigen Bargirls arbeiten dort.

Heinz saß oft und gern an diesen Bierbars. Es machte ihm Spaß, die Nacht hindurch mit den Glutäugigen zu würfeln. Dabei ging es um nichts. Es gab keinen Einsatz, es war nur zum Spaß. Hin und wieder nahm er sich eins der Mädchen mit in sein Zimmer. 600 bis 800 Baht (etwa € 15,00 - € 20,00) mußte er dann dafür bezahlen. Die Mädchen waren lieb. Es gab keinen Streit mit ihnen und morgens fragten sie oft:

„Darf ich heute Abend wieder bei Dir sein?"

„Mal sehen, ich weiß noch nicht."

Das Leben an den Bierbars, das Leben in den Luxushotels langweilte Heinz jedoch auf die Dauer. Er zog um, in den kleineren Ort Karon. Hier, in Karon, mietete er sich ein kleines Haus. Das war auf die Dauer billiger als ein Hotel.

Es zog ihn auch nicht mehr so sehr in die Bierbars. Er hielt sich jetzt lieber in einer kleinen Karaoke - Bar in der Nähe seines Hauses auf. Hier war es auch preiswerter als in den Bierbars.

Im Haus von Heinz sah es allerdings wüst aus. Er schaffte es einfach nicht, Ordnung zu halten. Auch die Vorsätze, sich selbst Essen zu kochen, blieben auf der Strecke. Er ging regelmäßig essen. So gesehen war das eigene Haus nun doch nicht ganz so billig.

An einem Abend saß er wieder in der Karaoke - Bar. Eines der Mädchen gefiel ihm. Er fragte sie, ob sie mit ihm nach Hause gehe. Sie willigte ein und sie einigten sich über den Preis. Sie war ein liebes Mädchen, zärtlich und anschmiegsam.

Am Morgen fragte er sie:

„Bleibst Du auch heute noch bei mir?"

„Gerne, wenn Du willst, auch länger, viele Tage."

Heinz überlegte

„Kannst Du kochen?"

„Sehr gut sogar."

„Wie wär´s, wenn Du bei mir wohnst und arbeitest. Du hältst meine Wohnung rein, kochst Essen und wäscht meine Wäsche. Ich bezahle Dir ein Gehalt."

„Wieviel?"

Heinz überlegte. Die Kosten für das ewige Essengehen entfielen. Die Wäscherei benötigte er ebenfalls nicht. Auch das Geld für die Bargirls würde er sparen, wenn dieses Mädchen bei ihm wohnte. Selbstverständlich würde sie dann mit ihm schlafen.

„10.000 Baht (etwa € 250,00) im Monat".

Das war sehr viel Geld, sie würde annehmen. Heinz wollte nicht knauserig erscheinen.

Sie nahm den Job an und kündigte ihre Stellung an der Karaoke - Bar. Sie zog in sein Haus.

Alles verlief, wie er es sich vorgestellt hatte. Sie arbeitete fleißig. Das von ihr gekochte Essen war gut und schmackhaft, wenn auch ein wenig scharf. Früh morgens kaufte sie auf dem Markt ein. Es war nicht teuer.

Nachts lag sie neben ihm im Bett, schmiegte sich an ihn und streichelte ihn. So gefiel Heinz das Leben auf Phuket.

Aber eines Tages kam sie nicht vom Markt zurück. Er suchte nach ihr. Alle Bekannten fragte er. Niemand hatte sie gesehen.

Abends ging er in die Karaoke - Bar, in der er sie kennengelernt hatte.

Ja, hier wußte man Bescheid. Vor wenigen Stunden war sie noch hier gewesen. Sie wollte sich von Ihren Freundinnen verabschieden. Sie hatte einen neuen Freund. Mit diesem werde sie verreisen.

In der folgenden Nacht lag Heinz allein im Bett. Zwar hätte er sich schnell ein anderes Mädchen holen können, doch er wollte nicht. Er hatte sich an sie gewöhnt.

Heinz faßte den Entschluß, das Haus aufzugeben und durch Thailand zu ziehen. Bis zur laotischen Grenze wollte er hinauf. Nein, mit dem Flugzeug wollte er nicht fliegen, das war zu einfach.

Schon am nächsten Morgen kündigte er den Mietvertrag für sein Haus. Noch am selben Tag packte er seine Sachen in den Rucksack. Dann ging er. Er hatte kaum noch Geld, als erstes mußte er zur Bank. Das Geld aus Deutschland war angekommen. Er hob zehntausend Baht ab. Das würde reichen, fürs erste.

Heinz überlegte. Wie und wohin würde er reisen? Als erstes nach Surat – thani. Surat – thani ist eine Provinzhauptstadt im Süden Thailands. Hier gibt es einen Bahnhof. Von dort wollte er mit dem Zug nach Bangkok. Dort würde er dann weitersehen. Per Bus, per Anhalter und per Songthaeo[1] hinauf in den Norden, in Richtung Laos.

Heinz zog los. Den Rucksack auf dem Rücken wanderte er die Straße entlang. Dann hielt er ein vorbeifahrendes Songthaeo an.
„Nach Surat - thani möchte ich."
„Ich kann Dich bis zur Brücke[2] mitnehmen. Von dort aus mußt Du weitersehen."
„OK."
Heinz stieg auf und setzte sich zwischen die anderen Fahrgäste auf eine der beiden Bänke. Zwischen den Bankreihen lag ein großer Sack mit Gemüse. Ein Fahrgast war wohl auf dem Markt gewesen und hatte dort eingekauft. Heinz betrachtete die anderen Fahrgäste:
Eine alte Frau. Sie starrte Heinz unverwandt an. Sicher wunderte sie sich über seine helle Hautfarbe.
Eine Mutter mit Kind. Das Kind war etwa 4 Jahre alt. Ob es ein Junge, oder ein Mädchen war, konnte Heinz nicht sagen. Auch das Kind beobachtete Heinz. Heinz lächelte dem Kind zu. Sofort begann das Kind zu weinen. Die Mutter nahm es in den Arm und tröstete es. Sie warf Heinz einen vorwurfsvollen Blick zu.
Ein alter Mann. Er war eingeschlafen. Der Kopf lag auf seiner Schulter, der Mund stand weit offen. Er besaß nur einen einzigen Zahn, der war pechschwarz. Der Alte schnarchte.
Das Songthaeo hielt. Ein neuer Fahrgast stieg zu. Er führte einige lange Eisenstangen mit sich. Die mußten verstaut werden. Der Gemüsesack wurde beiseitegeräumt. Die Eisenstangen wurden ordentlich zwischen die Sitzreihen gelegt. Darauf kam dann der Gemüsesack.
Der neue Mitreisende setzte sich. Seine Füße legte er auf den Gemüsesack. Er versuchte, zu schlafen.
Auch Heinz versuchte die Augen zu schließen, aber es ging nicht. Die Federung des Fahrzeugs war offensichtlich defekt. In jedem Schlagloch, und

---

[1] *Ein Songthaeo ist ein kleiner LKW, auf dessen Ladefläche zwei Sitzreihen montiert sind. Daher auch der Name:„song" = zwei, „thaeo" - Reihen. Ein Songthaeo verkehrt wie ein Pendelbus. Man winkt dem vorbeifahrenden Songthaeo zu. Der Fahrer stoppt und man nennt ihm das Ziel. Wenn das Ziel ungefähr in der Richtung liegt, in die er fährt, wird man sich einig und besteigt die Ladefläche. Zusammen mit den anderen Fahrgästen, aber auch mit Ladungen von Obst und Gemüse, Hühnern, Enten und Benzinkanistern geht's dann über viele Umwege dem gewünschten Ziel entgegen.*
[2] *Die Insel Phuket ist durch eine Brücke, der „Saraasin - Brücke" mit dem Festland verbunden. Diese Brücke war gemeint.*

es gab viele Schlaglöcher, schlug die Achse hart auf. Jedes Mal gab es einen starken Ruck. Auf die Dauer bekam Heinz Rückenschmerzen davon.
Das Songthaeo hielt erneut. Die Frau mit dem Gemüse und der Mann mit den Eisenstangen verließen das Songthaeo. Jetzt hatte Heinz wenigstens Platz für seine langen Beine.
Das Songthaeo fuhr aber noch nicht. Der Fahrer hatte sich entschlossen, eine Kleinigkeit zu essen und etwas zu trinken. Er saß an einer kleinen Garküche am Straßenrand und begann in aller Ruhe mit seiner Mahlzeit.
Die Fahrgäste stiegen aus und vertraten sich die Beine. Heinz kaufte sich an einem Gemüsestand eine grüne Kokusnuß. Er lies sie gleich an einem Ende öffnen. Ein Trinkhalm kam hinein und er konnte den kühlen Saft trinken. Köstlich.
Endlich war der Fahrer satt. Es konnte weitergehen. Die Fahrgäste, unter ihnen Heinz, bestiegen wieder die Ladefläche. Ein weiterer Fahrgast war hinzugekommen. Eine hübsche junge Frau. Heinz schätzte ihr Alter auf etwa 20 Jahre. Scheu blickte sie zu Heinz hinüber. Sie lächelte verlegen. Als Heinz zurücklächelte, schlug sie die Augen nieder.
Weiter ging es durch die unzähligen Schlaglöcher. Jedes Mal krachte es im Bereich der Hinterachse. Jedes Mal wurden sie durchgeschüttelt.
Erneut ein lauter Krach. Das Songthaeo blieb stehen. Etwas war gebrochen.
Der Fahrer legte sich unter das Auto und begutachtete den Schaden. Dann kam er wieder hervor und schüttelte den Kopf.
„Nein, es geht nicht weiter."

Sie standen allein auf der Landstraße. Weit und breit war kein anderes Auto zu sehen. Der Fahrer gab sein Fahrzeug auf und ging zu Fuß die Straße entlang, in die Richtung, aus der sie gekommen waren. Die Frau mit dem Kind ging mit ihm.
Heinz wartete noch unentschlossen. Dann überlegte er es sich. Er schnallte seinen Rucksack um und ging in die andere Richtung. Die junge Frau ging mit ihm. Sie sprach kein Wort. Hin und wieder lächelte sie. Einige Autos fuhren vorbei. Keins hielt an, und so wanderten sie etwa eine Stunde.
Fast hatten sie die Brücke erreicht. Links, an der Straße war ein kleines Haus. Es war ein kleines, schäbiges Restaurant. Eine Bretterbude. Heinz hatte Hunger und war durstig.
„Hast Du Hunger?", fragte er seine Begleiterin.
„Ja", nickte sie.
„Komm!"
„Ich habe kein Geld."
„Ich lade Dich ein."

Das Restaurant war leer. Keine Menschenseele war zu sehen. Auf dem großen Herd standen einige Töpfe.
Sie setzten sich an einen schmierigen Tisch. Überall lag Gerümpel herum. Die junge Frau ging ganz selbstverständlich hinter die kleine schmutzige Theke und hob die Deckel der verschiedenen Töpfe und Pfannen hoch. Heinz machte es ihr nach. Die junge Frau entschied sich für eine dünne Suppe mit dicken schwarzen Klumpen darin. Heinz fand in einem Topf Gemüse, von dem er annahm, es essen zu können.
Sie bedienten sich selbst. Niemand war da.
„Was ist das, was Du ißt?", fragte er die junge Frau. Er deutete auf die schwarzen Klumpen.
„Blut", sagte sie, „geronnenes Schweineblut. Sehr lecker. Möchtest Du probieren?" Sie hielt ihm den Löffel mit einem großen Stück Schweineblut hin.
„Nein, danke!"
„Schmeckt gut!", bekräftigte sie erneut. Heinz schüttelte den Kopf.
„Möchtest Du etwas trinken?", fragte Heinz
„Eine Cola, was soll ich Dir bringen."
„Ein Bier."
Die junge Frau ging hinter die Theke und bediente sich. Noch immer waren sie allein in diesem merkwürdigen Restaurant.
Nach dem Essen suchte Heinz die Toilette. Er fand sie hinter dem Haus. Hier traf er auch eine alte Frau, die das Restaurant bewirtschaftete. Er bezahlte bei ihr einen lächerlich geringen Betrag für Essen und Trinken. Dann gingen sie. Die junge Frau begleitete ihn.
„Wohin willst Du?", fragte die junge Frau.
„Nach Surat - thani."
"Das ist noch weit. Laß uns über die Brücke gehen, dort kenne ich mich aus, ich wohne dort. Ich bringe Dich zur Bushaltestelle."
Aber heute fuhr kein Bus mehr. Heinz verabschiedete sich von der jungen Frau.

Gelangweilt streifte er durch den kleinen Ort. Er war allein. Es wurde dunkel. Heinz wanderte die Straßen entlang und war bald außerhalb des Ortes. Wohin er ging, wußte er nicht. Es war auch egal. Er hatte den kleinen Ort schon weit hinter sich gelassen. Die Straße war nicht beleuchtet. Vorbeifahrenden Autos erhellten kurzfristig die Gegend, dann war es wieder völlig dunkel. Es gab kaum noch Häuser am Straßenrand.
In der Ferne sah er ein Licht. Als er näherkam, erkannte er, es war ein bunt beleuchtetes Haus. Eine kleine Bar. Heinz wunderte sich, eine Bar, soweit hier draußen?
Drei Bargirls saßen auf den Hockern vor der Bar und betrachteten Heinz neugierig. Sie hatten nichts zu tun. Sie hatten keinen einzigen Gast.

Auf der Straße, vor der Bar, stand ein viertes Mädchen. Sie war etwa 25 Jahre alt. Sie trug eine Jeans - Hose mit abgeschnittenen Beinen. Die Hose saß so eng, das er sich unwillkürlich fragte, wie sie die Hose wohl angezogen hatte. Bestimmt im Liegen. Ihr Bauch war nackt. Darüber trug sie ein kleines, schwarzes Oberteil, ebenfalls hauteng. Es verdeckte nur knapp ihren Busen. Das Mädchen war grell geschminkt. Sie hatte viel Rouge aufgelegt, einen auffallenden Liedschatten und einen leuchtend lilafarbenen Lippenstift verwendet. Im langen Haar trug sie eingeflochtene Perlen.

„Hallo, Fremder", sagte sie und hielt ihm die ausgestreckte Hand hin.

Heinz ergriff ihre Hand und ging, ohne ihre Hand loszulassen, weiter. Sie trippelte in ihren hohen Schuhen neben ihm her. Sie fragte nicht, wohin er ging, sie ging einfach mit. Die drei anderen Mädchen schauten ihnen nach.

Nach einigen hundert Metern blieb sie kurz stehen und zog ihre hohen Schuhe aus. Sie nahm die Schuhe in die rechte Hand, faßte mit der Linken seine Hand, dann gingen sie weiter. Beide schienen kein Ziel zu haben, sie gingen einfach.

Nach etwa einer halben Stunde zeigte sie auf ein etwas abseits stehendes Haus. Eine kleine Lampe brannte davor. Ein kleines Rasthaus.

Die Tür war verschlossen. Sie klopfte. Ein mürrischer Mann öffnete ihnen. Er warf einen kurzen Blick auf das grell geschminkte Mädchen; dann zeigte er nach oben.

„Hong song - Zimmer zwei", sagte er nur.

Sie gingen ein paar Stufen hinauf. Hier gab es Zimmertüren mit aufgemalten Nummern.

Heinz öffnete Zimmer zwei. Es war nicht verschlossen.

Er fand den Lichtschalter. Eine einzelne Glühbirne, ohne Lampenschirm, brannte an der Decke. Es gab ein Bett, einen Tisch, einen Stuhl und einen winzig kleinen Schrank. Das Bettzeug war schmutzig. Eine eigene Toilette gab es nicht, sondern eine Gemeinschaftstoilette am Ende des kleinen Flurs.

Das Mädchen begann sich zu entkleiden. Sie schien zu wissen, was ihre Aufgabe war. Dann begann sie auch Heinz das Hemd aufzuknöpfen.

Sie zog ihn zum Bett und begann ihn wild und leidenschaftlich zu lieben. Das schon schmutzige Bettzeug bekam jetzt zusätzlich Flecken von Make-up und Lippenstift.

Dann lagen sie nebeneinander auf dem Bett und versuchten sich zu unterhalten. Heinz sprach nur wenige Brocken Thai, sie nur etwas Englisch, aber es ging.

„Wie heißt Du?"

„Heinz und Du?"

„Pön. Kommst Du aus England?"

„Nein, aus Deutschland."
„Wo ist Deutschland? Bei England?"
„Ja, so etwa. Woher kommst Du? Aus dem Issaan?"
„Ja, aus einem kleinen Dorf in der Nähe von Kumphawapi."
„Wo ist denn das?"
Wo genau Kumphawapi war, konnte Pön nicht beschreiben. Heinz holte eine Karte Thailands aus dem Rucksack und gemeinsam knieten sie im Bett und suchten Kumphawapi.
Sie fanden es. Es liegt Süd- / östlich von Udon - thani und Nord- / östlich von Khon - khaen.
Das war ja fast die Richtung, in die er reisen wollte. Von hier aus war es nicht mehr weit bis zur laotischen Grenze. Heinz überlegte, sollte er Pön mitnehmen? In ihrer Heimat konnte sie bestimmt nützlich für ihn sein.
„Wollen wir nach Kumphawapi reisen? Kommst Du mit?"
Sie strahlte: „Ja, darf ich?"
„Morgen früh reisen wir."

Am anderen Morgen standen sie an der Straße und warteten auf ein vorbei-fahrendes Songthaeo. Es kam eins. Heinz winkte, doch der Fahrer hielt nicht an. Das Gleiche wiederholte sich beim nächsten Songthaeo. Auch ein drittes fuhr vorbei. Man wollte sie nicht mitnehmen.
Heinz warf einen Blick auf Pön. Sie sah einfach zu billig aus in ihrer Nutten-tracht. Zwar hatte sie sich heute nicht geschminkt, doch diese Minihose und das viel zu kleine Oberteil sprachen für sich.
„Du wartest hinter dem Baum. Ich halte ein Songthaeo an."
Sie verstand. Sie stellte sich in den Schatten des Baumes.
Er winkte einem Songthaeo zu. Es hielt. Heinz nannte das Fahrziel und handelte den Fahrpreis aus. Inzwischen war Pön auf die Ladefläche geklet-tert. Heinz folgte ihr. Der Fahrer warf ihnen einen mißbilligenden Blick zu.
Auch die anderen Fahrgäste musterten die beiden. Ihre Abneigung war deutlich zu spüren.
Im nächsten Ort verließen sie das Songthaeo. Heinz betrat eine Bankfiliale. Nein, es war immer noch keine Überweisung eingegangen. Heinz hob et-was Geld ab. Viel hatte er nicht mehr. Als Erstes kaufte er eine Hose und eine Bluse für Pön, dazu noch etwas Unterwäsche und eine Umhängeta-sche, um die nicht benötigten Dinge unterzubringen. Jetzt sah sie wenig-stens nicht mehr ganz so anstößig aus.
„Und Zigaretten, bitte Heinz. Ich habe schon so lange nicht mehr geraucht. LM - Zigaretten. Grüne LM - mit Menthol."
Das lies sich einrichten. Zigaretten sind in Thailand nicht teuer. Dann frag-ten sie sich durch nach der Bushaltestelle. Sie hatten Glück. Der nächste Bus nach Surat - thani fuhr in einer halben Stunde.

Die Fahrt dauerte recht lange. Anfangs war die Gegend nicht sonderlich interessant. Das änderte sich jedoch. Es ging an Mangrovendickichten vorbei und durch die wunderschöne Gegend von Phang - nga. Steile Kalksteinfelsen stehen im sonst flachen Land oder im angrenzenden Meer. Etliche hundert Meter ragen manche der Felsnadeln hinauf. Affen turnen in den Felsen und an den Bäumen, die auf den steilen Hängen wachsen.

In Surat - thani kauften sie Tickets nach Bangkok. Sie hatten Glück. Im Nachtzug waren in der zweiten Klasse noch zwei Schlafplätze frei.

Sie warteten. Der Zug hatte Verspätung. Laufend kamen Züge. Nie wußten sie, ob es ihr Zug war. Heinz konnte die thailändische Beschriftung der Züge nicht lesen. Pön konnte weder lesen noch schreiben. Die Lautsprecherdurchsagen waren nicht zu verstehen. Eine Frau, die einen Obststand auf dem Bahnsteig betrieb, half ihnen und wies sie endlich, nach etwa zwei Stunden Verspätung, in den richtigen Zug.

Sie fanden ihre Plätze schnell. Zwei übereinander liegende Kojen. Pön legte sich in die untere Koje, Heinz lag oben.

Die Kojen waren für thailändische Maße angefertigt. Heinz wußte nicht, wo er seine langen Beine lassen sollte. Ruhelos wälzte er sich von einer Seite auf die andere. Dann stand er auf, kletterte die schmale Leiter hinunter und kroch in die untere Koje, zu Pön. Sie schlang ihre Arme um ihn und sie küßten sich. Mehr war in dem Zug, zwischen all den anderen Fahrgästen, nicht möglich. Obendrein war diese Koje genauso klein, wie seine eigene und sie lagen sogar noch zu zweit darin. Aber es machte wenigstens etwas Spaß.

Bei Sonnenaufgang mußten alle Fahrgäste ihre Kojen verlassen. Das Zugpersonal wandelte die geschlossenen Kojen mit ein paar Handgriffen zu Sitzen um.

An der nächsten Station stiegen Händler in den Zug und begannen Speisen zu verkaufen. Gebratene Hühner, gekochte Eier, heiße Nudelsuppe. Dazu Bier, Kaffee, Cola und verschiedene Säfte.

Die Händler fuhren eine Station im Zug mit. Dann verließen Sie ihn und fuhren mit dem nächsten Zug in Gegenrichtung wieder zurück. Neue Händler stiegen ein und so konnten sich die Fahrgäste während der gesamten Fahrt ausreichend mit Verpflegung versorgen.

Gegen zehn Uhr morgens erreichten sie Bangkok, Bahnhof „Hualampong". Ein quirliges Durcheinander von Menschen. Sie wurden geschoben und gestoßen, verloren sich aus den Augen und fanden sich wieder. Es war der Vortag von Songkran[1].

---

[1] *Songkran ist das thailändische Neujahrsfest. Zur Begrüßung des neuen Jahres fahren die meisten Thai in ihre Heimatdörfer. Fast alle Verkehrsmittel sind überfüllt. Die Bahnhöfe und Flughäfen quellen über.*

Im Stadtteil „Banglampoo" fanden sie ein recht preiswertes Hotel, das Hotel „U–thong". Heinz mußte jetzt wirklich mit seinem Geld haushalten. Gemeinschaftstoilette, ein kleines stickiges Zimmer, aber gutes und preiswertes Essen in einem kleinen Garten. Pön hatte bisher noch keine finanziellen Forderungen gestellt. Heinz war darüber zwar ein wenig verwundert, aber es kam ihm erst einmal gelegen.

Abends saßen sie zusammen im Garten des Hotels beim Abendessen. Das Essen war höllisch scharf, aber schmackhaft. Pön erzählte von ihrer Heimat. Heinz lauschte fasziniert.

„In Kumphawapi gibt es viele Affen, wußtest Du das?"

„Die Leute halten sich Affen als Haustiere?"

„Nein, die Affen – auf Thai heißen sie ‚Ling' - leben wild. Sie laufen durch die Straßen und klettern auf die Häuser. Den ganzen Tag durchstöbern sie die Mülleimer nach Eßbarem."

„Sie sind wirklich wild? Sie werden nicht von den Einwohnern gehalten?"

„Nein, sie sind wild. In einem kleinen Park, nahe beim Tempel, ist ein Springbrunnen. Hierin baden die Affen bei großer Hitze. Sie können prima schwimmen."

„Sind sie gefährlich?"

„Du darfst Sie nicht anfassen, dann beißen sie. Aber wenn Du ihnen etwas zu fressen gibst, lassen sie Dich ganz nahe heran und nehmen Dir das Futter aus der Hand."

„Das möchte ich gerne sehen."

„Das wirst Du, wir fahren ja hin. Ich zeige es Dir. Ich zeige Dir alles. Hast Du Angst vor Tieren?"

„Welche Tiere meinst Du?"

„In meiner Heimat, im Issaan, gibt es viele Tiere. Einige sind sehr gefährlich."

„Was für Tiere sind das? Tiger, Elefanten oder was?"

„Nein, Tiger gibt es wohl nicht mehr im Issaan. Früher gab es ganz viele. Auch wilde Elefanten oder Bären wirst Du wohl kaum sehen. Doch gefährliche Tiere gibt es schon noch im Issaan."

„Was für Tiere?"

„Nun, da sind die Schlangen. In den Reisfeldern gibt es unzählige. Nicht alle, aber einige sind sehr giftig, zum Beispiel die ‚Ngu hau', Du kennst sie wohl unter dem Namen Kobra."

„Ist die Kobra sehr häufig?"

„Ja, in den Reisfeldern gibt es sehr viele."

„Ich möchte gern Schlangen sehen, ich mag Schlangen."

„Du wirst bestimmt Schlangen sehen im Issaan. Du brauchst aber keine Angst zu haben. Sie beißen selten."

„Ja, ich möchte Schlangen sehen im Issaan! Was habt ihr noch für gefährliche Tiere?"

„Wir haben giftige Skorpione, große Spinnen und auch Thakarp."

„Thakarp, was ist denn das?"

„Ein giftiger Tausendfüßler. Er wird bis zu 40 cm lang. Er ist sehr giftig. Ich habe von einem Fall gehört, wo ein Wasserbüffel am Biß eines Thakarp gestorben ist. Aber nicht nur der Biß eines Thakarp ist gefährlich, die bloße Berührung mit einem solchen Tier verursacht ernste Krankheiten. Die Berührung oder gar ein Biß tut sehr weh. Erwachsene Männer schreien vor Schmerz. Auch wenn man den Biß eines solchen Tieres überlebt, zieht sich die nachfolgende Krankheit sehr lange hin."

„Solch einem Tier möchte ich nicht begegnen."

„Keine Angst, er beißt Dich nicht, Du solltest ihn aber auch nicht anfassen. Wußtest Du, daß man Thakarp essen kann?"

„Nein, ich mag´s kaum glauben."

„Zum Töten legt man ihn in Mekong - Whisky[1]. Anschließend kann man ihn braten. Er ist dann nicht mehr giftig.
Auch Schlangen kann man essen, ich esse gern Kobrasuppe."

„Wenn wir dasind, werde ich sie vielleicht einmal probieren."

Die nächsten Tage standen ganz im Zeichen des Songkran - Festes. Zur Feier des neuen Jahres gießt man sich gegenseitig Wasser über den Körper. Wo sie auch gingen oder standen, in wenigen Augenblicken goß man ihnen Wasser über den Kopf. Mit großen Wasserpistolen wurden die Passanten von den Straßenrändern mit Wasser besprüht. An den Straßenrändern waren Stände aufgebaut. Hier konnte man gepreßten Puder kaufen. Dieser wurde in Wasser aufgelöst, bis es ein dicker Brei war. Damit bestrich man sich oder besser, die anderen Leute. Es machte einen riesigen Spaß. Ein Fest wie Karneval. Menschenzüge zogen durch die Straßen. Pön und Heinz, mit einer Schicht von weißem Puderbrei bedeckt, zogen mit. Von den Straßenrändern wurden sie mit Wasser bespritzt. Häufig war das Wasser mit Eiswürfeln versehen. Man bekam dann eine richtige Gänsehaut.
Alle Leute waren fröhlich. „Sawadii pi mai - Ein schönes neues Jahr", riefen sie. Drei Tage und drei Nächte ging das so. Der Verkehr in Bangkok kam stellenweise zum Erliegen. Autos konnten nicht mehr fahren. Banken und viele Geschäfte hatten geschlossen. Überall auf den Straßen befand sich eine weiße Schicht von getrocknetem Puder - Songkran.

---

[1] *Mekong - Whisky ist ein einheimischer Schnaps. Er ist hochprozentig, hat mit Whisky allerdings nichts gemeinsam. Er ähnelt eher einem Rum.*

Am Tag nach Songkran ging Heinz zur Bank. Es war kein Geld angekommen. Seine Ersparnisse waren aufgebraucht, er besaß nur noch wenige Baht. Was sollte er tun?
Wo er auf die Überweisung aus Deutschland wartete, ob in Bangkok oder in einer anderen Stadt, war eigentlich egal. Filialen der Bangkok - Bank gab es überall. Also konnte er auch weiterziehen.
Geld für Fahrkarten hatte er allerdings nicht mehr. Also, zu Fuß und per Anhalter. Der Issaan wartet.
Sie zogen los. Heinz hatte seinen Rucksack umgeschnallt, Pön trug ihre Umhängetasche.
Sie hielten einen LKW an. Der Fahrer brachte sie weit aus Bangkok heraus. Es ging in Richtung Issaan.
Sie fuhren nach Norden, immer in der Nähe des Menam - Stroms[1]. Die Thai nennen ihn ‚Chao praya'.
Während der gesamten Fahrt stierte der Fahrer auf die Beine und Brust von Pön. Sie schien es zu merken, aber es schien ihr egal zu sein. Heinz hingegen war es peinlich.
In Ayuthaya, der ehemaligen Hauptstadt, mußten sie aussteigen. Die Tour des LKW endete hier.
Ayuthaya war interessant. Überall alte Ruinen von Tempeln, Burgen und Stadtmauern.

Im Jahre 1350 wurde die Stadt Ayuthaya gegründet. Diese Stadt war prunkvoll und brauchte den Vergleich mit damaligen europäischen Metropolen nicht zu scheuen. Fast vierhundert Jahre war sie das Machtzentrum des damaligen Reiches. Dreiunddreißig Könige regierten von hier das riesige Land. Dann wurde Ayuthaya von den Burmesen zerstört. Kaum ein Stein blieb über dem anderen.
Das Gold von Ayuthaya wurde nach Burma transportiert. Es bedeckt – so sagen die Thai – seitdem die Shwedagon-Pagode in der Hauptstadt Rangun. Den Fall Ayuthayas haben die Thai den Burmesen nicht vergessen.

Heinz und Pön wanderten durch die Ruinen der ehemaligen Hauptstadt. Zerstörte Tempel, enthauptete Buddhastatuen, Geröll. Vor einigen der uralten Buddhastatuen kniete Pön und betete. Heinz stand abseits und wartete. Er wollte nicht stören.

---

[1] *Der Menam verdankt seinen Namen, unter dem er in der westlichen Welt bekannt ist, einem Interpretationsfehler. Menam (wörtlich: ‚Mutter des Wassers') bedeutet lediglich ‚Fluß'. Der Name des Menams in Bangkok lautet ‚Chao praya'.*

Ein letztes Mal wohnten sie in einem einfachen Hotel. Dann war das Geld von Heinz endgültig aufgebraucht. Auf eine Abendmahlzeit würden sie wohl heute verzichten müssen. Morgen würden sie wohl auf der Straße übernachten müssen.
Doch sie bekamen eine warme Mahlzeit:

Abends saßen sie vor dem Hotel in einem kleinen Garten. Sie hatten Hunger. Pön besaß noch ein paar Zigaretten. Sie unterhielten sich. Heinz schreckte zusammen. Ein Tier hatte ihn angeflogen. Es sah aus, wie eine geflügelte Ameise. Er schlug nach dem Tier. Noch eins dieser Tiere flog ihn an.
„Maeng mau", sagte Pön bedeutungsvoll.
Sie betrachtete den Himmel. In der Nähe brannte eine Leuchtstofflampe. Zahlreiche dieser geflügelten Tierchen schwirrten um das Licht.
„Maeng mau!" Pön deutete auf die Tiere an der Leuchtstofflampe.
Es ging schnell. Unmengen dieser Tiere kamen und umkreisten die Lampen. Viele fielen auf den Boden. An einigen Stellen war der Boden in kürzester Zeit von den Tieren mehrere Zentimeter hoch übersäht.
„Maeng mau!", jubelte Pön. „Wir haben ausreichend zu essen."
Sie lief in das Hotel und kam kurz darauf mit einem Eimer zurück. Sie begann, die Tiere einzusammeln. Schnell hatte sie den Eimer voll. Sie konnte die Tiere an machen Stellen mit beiden Händen geradezu vom Boden schaufeln. Überall in der Luft und am Boden wimmelte es von diesen Tieren. Millionen - Milliarden.
Die Maeng mau wurden gewaschen, dann kamen sie in einen Wok mit heißem Fett. Sie hatten ausreichend zu essen.
Auch die Bediensteten des kleinen Hotels waren damit beschäftigt, die Maeng mau zu sammeln. An diesem Tag wurden sie alle richtig satt.
Zwar hatte Heinz anfangs ein etwas eigentümliches Gefühl, diese Tiere zu essen. Doch er hatte Hunger und er mußte zugestehen, die Tiere schmeckten.
Am anderen Morgen standen sie früh auf. Zum Frühstück aßen sie die letzten Maeng mau. Dann gingen sie zur Straße hinauf, um einen vorbeifahrenden LKW anzuhalten. Für Bus oder Songthaeo fehlte das Geld.

Ein LKW hielt an. Ein älterer Chinese fuhr das klapprige Gefährt.
„Wohin wollt ihr?"
„In den Issaan, nach Kumphawapi."
„Das ist weit, aber ich kann euch fast bis Khon - khaen mitnehmen."
„Wo wollt ihr sitzen?", fragte er, „Hier vorn bei mir, oder hinten auf der Ladefläche?"
„Auf der Ladefläche."

Sie stiegen auf. Zwischen verschiedenen Kisten und Säcken machten sie es sich bequem. Es wurde eine lange Reise. Der Fahrer fuhr nicht direkt hinauf in den Norden. Immer wieder fuhr er kleinere Dörfer an, entlud einen oder zwei Säcke oder empfing neue Ladung. Mittags teilte er sein weniges Essen mit ihnen. Ihm selbst blieb nur wenig.
Es war etwa 19:00 Uhr und bereits dunkel, als er an einem einzelnen Haus an der Landstraße hielt.
„Dies ist meine letzte Station. Jetzt müßt ihr allein weiterkommen", sagte er.
„Wo sind wir?"
„Diese Straße führt weiter nach Khon - khaen. Es sind etwa 30 KM bis dahin. Zum Laufen zu weit. Morgen müßt ihr einen anderen LKW nehmen, der euch weiterbringt."
„Hab recht herzlichen Dank dafür, daß Du uns so weit mitgenommen hast."
„Ist schon gut so. Wenn Ihr die Straße etwa 30 Minuten entlang geht, seht Ihr auf der rechten Seite, ein wenig abseits gelegen, ein kleines Rasthaus. Es ist nicht teuer."
„Danke, leb wohl."
„Lebt wohl."

Gemeinsam, wie schon so oft, trotteten sie die Straße entlang. Heinz überlegte: Ein Rasthaus, auch wenn es nicht teuer war, konnten sie sich nicht mehr leisten. Sie mußten irgendwo kostenlos unterkommen. Vor einer Übernachtung in der freien Natur hatte er jedoch ein wenig Sorge.
Während des Gehens sprachen sie kaum. Heinz beobachtete die Umwelt. Fledermäuse flatterten vorbei. Gegen den noch etwas hellen Himmel konnte man sie gut sehen. Frösche quakten laut. In der Ferne heulte ein Hund, oder war es gar ein Wolf? Die Grillen zirpten. Es war eine schöne Nacht.

Er sah etwas helles auf der Straße. Es leuchtete, es phosphorizierte ein wenig. Es bewegte sich. Ein kleines Tier. Ein Tier, welches leuchtet, so etwas hatte Heinz noch nie gesehen. Ein schneller Griff und er hatte es gepackt.
Sie schrieen gleichzeitig:
„Jaa sampat! - Nicht anfassen!" Pön schrie in Panik.
Heinz schrie vor Schmerzen.
Das Tier hatte gebissen. Ein schrecklicher Schmerz durchfuhr seine rechte Hand. Der brennende Schmerz breitete sich in Windeseile im ganzen Körper aus. Das Gift des Tieres wurde mit dem Blut durch den gesamten Körper gepumpt. Es gab keine Stelle an seinem Leib, die nicht schmerzte. Sein rechter Arm hing taub herunter. Er glaubte, die Schmerzen nicht ertragen zu können. „Was war das?", war sein einziger Gedanke.

„Ein Thakarp!", schluchzte Pön, „Du hast einen Thakarp angefaßt. Wie kannst Du nur so dumm sein!"
Heinz' s Körper wurde von Krämpfen geschüttelt. Er glaubte, nicht mehr stehen zu können. Kalter Schweiß stand auf seiner Stirn.
„Komm!", sagte Pön. „Wir müssen zum Rasthaus."
Sie zog ihn. Er trottete neben ihr her. Sie stützte ihn, sie zog ihn vorwärts. Und sie erreichten das Rasthaus.
Pön verhandelte mit den Betreiber. Der schüttelte mehrfach den Kopf. Nein, ohne Geld - nicht möglich. Pön flehte, machte ihm Vorschläge. Dann nickte der Betreiber.
Hinter dem Rasthaus hatte er eine leerstehende Hütte. Sie hatte keine Einrichtung, aber sie hatten ein Dach über dem Kopf. Gemeinsam schafften Pön und der Betreiber Heinz in die Hütte. Heinz ließ sich auf den Boden fallen. Ihm war alles egal. Er wollte hier liegen und möglichst schnell sterben.
Pön ging mit dem Betreiber, kam aber schon nach wenigen Minuten zurück. Sie hatte eine Binsenmatte bei sich. Pön rollte die Matte aus und schob Heinz darauf. Dann begann sie ihn zu entkleiden. Besorgt betrachtete sie seinen Körper. Er war leuchtend rot. Sie ging erneut und kam bald mit einer Schale Wasser zurück. Sie begann, seinen Körper mit dem kühlen Wasser zu waschen. Es war angenehm, doch die schrecklichen Schmerzen blieben.
„Du brauchst Medikamente", sagte sie, „doch Medikamente sind teuer."
Heinz nickte. Es war ihm egal.
Trotz der Schmerzen schlief Heinz ein, oder war er ohnmächtig geworden? In der Nacht jedoch wachte er auf. Pön war nicht mehr da, er war allein. Sie hatte ihn verlassen.
Irgendwie war Heinz auch das egal. Er schien Fieber zu haben. Alles drehte sich vor seinen Augen. Dann schlief er erneut ein.

Heinz erwachte erst spät. Er spürte es jetzt deutlich, er hatte Fieber. Sein ganzer Körper brannte. Neben ihm, vollständig unbekleidet, lag Pön, sie schlief, sie war zurückgekommen. Ihr Gesicht war grell geschminkt, die Schminke war inzwischen verschmiert.
Auf dem Fußboden stand eine Schale mit Früchten. Auf einem Teller lag gebratenes Hühnerfleisch. In einer kleinen Tüte sah er Medikamente.
Pön erwachte.
„Geht es Dir besser, Geliebter?" Das erste Mal sagte sie ‚Geliebter' zu ihm.
„Ja, ich glaube, es geht besser."
„Ich liebe Dich", sagte sie. „Horch, der Deckenventilator bestätigt es Dir. Horch, was er sagt:
‚Rak khun, rak khun, rak khun, rak khun'". Der Deckenventilator erzeugte ein eigentümliches Geräusch. Er eierte. Alles Mögliche konnte man aus dem Geräusch des Ventilators heraushören. Rak khun, rak khun, rak khun.

„Er spricht „rak khun - ich liebe Dich."
„Ich liebe Dich auch."
„Der erste Tag ist der Schlimmste", sagte sie, „von jetzt an wird es jeden Tag etwas besser werden. Bald bist Du wieder ganz gesund. Aber Du mußt Deine Medizin nehmen. Ich habe sie heute Morgen extra für Dich gekauft."
Sie gab ihm zwei Pillen.
„Hattest Du denn Geld?", fragte er ungläubig.
„Ich habe es anschreiben lassen. Wir können später bezahlen. Oder wir laufen einfach weg ohne zu bezahlen", lachte sie.
Dann bestrich sie die Bißstelle an seiner Hand mit einer braunen Paste. Mit einer öligen Flüssigkeit rieb sie seinen Körper ein. Dann kniete sie auf ihm und massierte die Flüssigkeit in sein Gewebe. Sie hatte an alles gedacht.
„Du mußt essen, Geliebter. Ich habe Dir Hühnerfleisch gekauft. Du mußt ganz viel essen. Das ist wichtig."
Sie aßen gemeinsam. Es ging ihm besser. Wenn nur nicht diese Schmerzen wären.
„Ich gehe einkaufen, Geliebter. Wir haben für heute Abend nichts zu essen. Ich bin bald wieder hier. Was möchtest Du essen, Fisch?"
„Ja, Fisch wäre gut. Aber Du hast doch kein Geld."
„Ich lasse anschreiben."
Sie ging. Heinz drehte sich auf den Bauch. Zwischen den Fußbodenbrettern waren große Ritzen. Er schaute nach unten und beobachtete die kleinen Tiere unter der schäbigen Hütte. Langsam schlief er wieder ein.
Pön war zurückgekehrt. Sie hatte viel eingekauft. Sie konnte es fast gar nicht schleppen. Fisch, Gemüse, Holzkohle und zwei Töpfe.
„Ich werde hier für uns kochen. Direkt vor der Hütte ist eine Feuerstelle. Wenn ich selbst koche, ist es viel billiger. Jeden Morgen gehe ich zum Markt und kaufe ein."
Sie lächelte, als sie sein ungläubiges Gesicht sah. „Ich lasse anschreiben."
Heinz schlief viel und oft. Wenn er wach war, beobachtete er Pön, die offensichtlich ganztägig am Arbeiten war. Sie wusch die Wäsche, hängte sie zum Trocknen vor die Hütte. Durch die geöffnete Tür sah er sie vor der Feuerstelle hocken und Essen kochen. Dann kam sie, um ihn erneut zu waschen und zu massieren. Dreimal täglich gab sie ihm seine Medizin.
Am Abend servierte sie ihm sein Abendessen. Gebratener Fisch, dazu Klebereis und Gemüse.
„Ich muß gehen" sagte sie.
„Wohin?"
„Ich muß noch ein paar Einkäufe machen. Ich muß auch noch zum Arzt. Du brauchst weitere Medikamente. Schlaf, Geliebter. Das ist das Beste für Dich."

Sie ging. Sie trug das viel zu kleine Höschen und das enge Oberteil. Ihr Gesicht hatte sie grell geschminkt.

In den frühen Morgenstunden spürte er, wie sie sich neben ihn legte. Sie schlang ihre Arme um ihn und schlief sofort ein. Sie roch nach Alkohol.

Erst gegen Mittag erwachte sie. Sofort bereitete sie ihm sein Essen. Sie gab ihm die Medikamente, wusch und massierte ihn. Dann begann sie mit ihrer Hausarbeit. Sie sah müde aus.

Jeden Abend ging sie. Morgens kam sie zurück. Heinz hatte begriffen, was sie tat: ‚Khai tua' – ‚Körper verkaufen' - Prostitution.

Von dem Geld, das sie einnahm, kaufte sie seine teuren Medikamente und die Lebensmittel.

Heinz hatte ein schlechtes Gewissen, er schämte sich. Aber er wußte keinen Ausweg. Er war zu schwach, um irgend etwas zu unternehmen. Sie wohnten nicht kostenlos in der kleinen Hütte. Pön bezahlte für alles.

Heinz lag auf den Fußbodendielen. Unter sich hatte er lediglich eine dünne Binsenmatte. Heinz lag auf dem Bauch. Durch die Ritzen konnte er nach unten sehen.

Er spürte die Bewegung neben sich. Pön war wach geworden. Sie schmiegte sich an ihn und küßte ihn in den Nacken.

Heinz fühlte sich gut heute. Seit Tagen machte seine Genesung große Fortschritte. Das Gift des Thakarp schien besiegt zu sein. Ja, er war wieder gesund. Pön hockte sich auf ihn und begann ihn zu massieren.

„Wann bist Du nach Hause gekommen, Pön?"

„Ich bin schon lange zurück, Heinz. Du hast geschlafen, ich wollte Dich nicht wecken."

„Wo warst Du?"

„Ich war vorne im Rasthaus und habe mit der Frau des Betreibers geplaudert. Wir haben Orangensaft getrunken. Darüber habe ich ein wenig die Zeit vergessen."

„Khun khai tua mai - Hast Du Deinen Körper verkauft? - Warst Du anschaffen?"

Pön gab keine Antwort. Sie begann zu weinen. Sie nickte.

Heinz nahm sie in die Arme und küßte sie.

„Pön, warum hast Du das getan?"

„Ich mußte", schluchzte sie. „Ich wollte damit aufhören. Ganz bestimmt! Aber Du warst so krank. Ohne Medizin würdest Du heute nicht mehr leben. Ich mußte es tun, ich liebe Dich doch."

Heinz küßte sie erneut.

„Ich bin eine schlechte Frau. Schon oft habe ich mit Männern für Geld geschlafen. Ich wußte, daß es falsch ist, so etwas zu tun. Trotzdem habe ich es oft gemacht. Als ich Dich getroffen habe, als Du mir gesagt hast, Du wür-

dest mit mir nach Hause fahren, habe ich mir fest vorgenommen, es nie wieder zu tun. Ich wollte ein neues Leben beginnen. Hast Du Dich nie gefragt, warum ich von Dir kein Geld genommen habe?"
"Ich habe nicht darüber nachgedacht."
Am folgenden Abend ging sie nicht fort. Sie lag neben ihm, streichelte ihn und küßte ihn.
„Hast Du das in den letzten Nächten mit den anderen genauso gemacht?"
„Nein, Geliebter. Das war ganz anders. Mich hat niemand gestreichelt. Auch ich habe niemanden gestreichelt. Ich habe niemanden geküßt. Innerhalb einer halben Stunde war alles vorbei und ich habe mein Geld bekommen. Dann habe ich auf den nächsten gewartet."
„Wo war es?"
„Vorne, im Rasthaus. Bei unserer Ankunft hat der Betreiber gesagt, wenn ich für ihn arbeite, können wir hier leben. Hätte ich nein gesagt, hätte er uns nicht aufgenommen. Er selbst war der erste."
Am nächsten Morgen verließen sie das Rasthaus. Sie hielten ein Songthaeo an, Pön hatte Geld dafür.
Im nächsten Ort ging Heinz zur Bankfiliale. Sein Geld war da, das vom letzten Monat und das vom neuen Monat ebenfalls. Das Elend der letzten Wochen war zu Ende. Seine Pön tat ihm unendlich leid.

Sie fuhren nach Kumphawapi.
Heinz sah die frei lebenden Affen. Dann fuhren sie in das Dorf von Pön. Vor einem kleinen Häuschen blieb sie stehen.
„Hier können wir zusammen leben, wenn Du mich willst, mich - ein Bargirl, eine Prostituierte."
„Ich will Dich. Was werden Deine Nachbarn sagen? Was sagst Du denen, wer ich bin?"
„Du bist mein Ehemann, werde ich sagen. Du bist der Vater meiner beiden Kinder."
Eine kleine grüne Schlange bewegte sich schnell über die angrenzende Straße.
Pön hatte recht behalten. Heinz würde Schlangen sehen im Issaan.

Der häßliche Mann

Hua - hin ist ein Badeort an der Westküste Thailands. Hier spielt diese Geschichte. Zum Verständnis dieser Geschichte muß gesagt werden, daß die meisten der Bargirls durchaus freiwillig ihrer Tätigkeit nachgehen. Es ist das leicht verdiente Geld, was sie dazu treibt. Gezwungen werden sie in der Regel nicht. Es gibt jedoch auch Ausnahmen, wie diese Geschichte zeigt.

Sie hieß Lin. Sie lebte in einem kleinem abgelegenen Dorf im Issaan. Die nächste größere Stadt hieß Roi et, doch es war weit dorthin.

Lin war verheiratet mit einem wesentlich älteren Mann. Sie liebte ihn nicht, aber sie mochte ihn. Sie hatte ihn sich nicht ausgesucht. Ihre Eltern hatten sie mit diesem Mann verheiratet. Lin lebte mit ihrem Mann in einer kleinen Hütte. Es war eine schöne Hütte, über und über war sie mit Blumen bewachsen. Eine so schöne Hütte hatten die wenigsten.

Durch eine kleine Straße getrennt lag die Hütte ihrer Eltern. Ihre Eltern lebten allein. Alle ihre Kinder waren erwachsen und lebten mit ihren jeweiligen Ehepartnern in anderen Dörfern. Lin´s Eltern sahen ihre Kinder und Enkelkinder daher nur selten. Lediglich Lin, die ja im gleichen Dorf wohnte, trafen sie täglich. Lin hatte ein gutes Verhältnis zu ihren Eltern. Oft ging sie hinüber zu ihrer Mutter. Sie half der alten Frau ein wenig im Haushalt und sie schwatzten. Das machte viel Spaß.

Das Leben von Lin war geregelt. Lin war zufrieden.

Lin´s Mann ging regelmäßig arbeiten. Er brachte Geld nach Haus. Lin führte den Haushalt, kaufte auf dem nahen Markt ein, bereitete das Essen zu. Lin verdiente zusätzlich etwas Geld, indem sie für andere Leute die Wäsche wusch und bügelte. Sie verdiente nicht gerade viel, aber das Einkommen beider ermöglichte ein sorgenfreies Leben. Lin führte das Leben einer guten Hausfrau. Kinder wollten sie nicht, noch nicht. Lin nahm die Pille. Doch eines Tages vergaß sie die Pille. Ihre Regel blieb aus. Sie ahnte es.

Der Dorfarzt bestätigte es ihr. Lin war schwanger.

Als der Arzt es ihr sagte, war Lin glücklich. Im Tempel entzündete sie Räucherstäbchen und dankte Buddha. Dann lief sie zu ihrer Mutter.

„Ich bin schwanger", verkündete sie stolz und glücklich. Ihre Mutter nahm sie in ihre Arme und drückte sie an sich. Lin sah Freudentränen in den Augen ihrer Mutter. Lin war glücklich.
Lin wartete auf ihren Mann. Sie kochte sein Lieblingsessen: ‚Tom jang gung' - Garnelensuppe - mit ganz vielen Garnelen. Dazu Muscheln, die aß er so gerne. Sehr teuer, aber es war ja auch ein ganz besonderer Tag. Zusätzlich kaufte sie ihm Bier. Er trank es doch so gern.

Lin zog ihren schönsten Rock an. Gleich würde ihr Mann nach Hause kommen. Sie überlegte:
„Ja, ich glaube, ich liebe ihn."
Ihr Mann kam nach Hause. Er lachte sie an.
„Was gibt es heute zu essen?"
Lin deutete auf den Fußboden. Auf einer Binsenmatte hatte sie das Essen drapiert. Lin öffnete einen Topf.
„Sieh, es gibt Tom jang gung"
„Mein Lieblingsessen."
„Ich weiß, ich habe es extra für Dich gekocht."
„Das ist gut. Eine Frau sollte stets alles für ihren Mann tun."
Sie hockten auf der Matte am Fußboden, vor sich die Speisen.
„Was möchtest Du trinken?"
„Wasser, was sonst?"
„Möchtest Du nicht lieber ein Bier?"
„Haben wir Bier?"
„In Kühlschrank, ich hole es Dir."
Er schenkte sich ein Glas ein. Ein zweites, halb voll, reichte er Lin.
„Tschok dii. - Zum Wohl."
„Nein, ich trinke kein Bier."
„Warum?"
„Ich sage es Dir später, iß erst."
Er erzählte ihr von seinen Plänen.
„Einen kleinen Laden sollten wir eröffnen."
„Ja, das wäre schön. Dann wärest Du den ganzen Tag zu Hause."
Sie rückte ganz nahe an ihn heran. Sie flüsterte:
„Ich bin schwanger!"
Er sagte nichts. Sein Gesicht wurde bleich.
Dann schlug er ihr die geballte Faust ins Gesicht. Sie fiel nach hinten und schlug mit dem Kopf auf den Boden. Sie richtete sich auf, sie verstand nicht. Blut floß aus ihrer Nase.
„Warum hast Du das getan?", schrie er sie an, „Du nimmst doch die Pille!"
„Ich hatte sie vergessen."

„Du bist zu dumm für alles, ich hasse Dich! Sicher ist das Kind nicht einmal von mir. Du hast mit anderen Männern geschlafen!"
„Nein!" Lin weinte bitterlich. „Du weißt, so etwas würde ich nie tun!"
„Morgen läßt Du das Kind abtreiben!", brüllte er sie an. Erneut schlug er sie ins Gesicht.
„Nein, bitte nicht! Ich möchte das Kind behalten! Bitte nicht!"
Er antwortete nicht. Er verließ das Haus. Nach kurzer Zeit kam er mit einer Flasche „Mekong - Whisky" zurück.
Er sprach kein Wort mit Lin. Er setzte sich auf einen kleinen Tisch in der Ecke und begann zu trinken - direkt aus der Flasche. Er betrank sich sinnlos, kippte um und schlief ein.
Lin ließ das Kind nicht abtreiben, sie blieb standhaft, so sehr er sie auch quälte.
Ihr Mann wurde ihr gegenüber abweisend. Er sprach nicht mehr mit ihr, er schlief nicht mehr mit ihr.
Bald hörte er auf zu arbeiten. Er trieb sich mit seinen Freunden herum. Immer häufiger war er betrunken. Manche Nacht kam er nicht nach Hause. Lin wußte, er hatte andere Frauen.
Das Ende ihrer Ehe kam schnell und plötzlich:
Eines Tages, Lin hatte inzwischen einen dicken Bauch, kam er angetrunken nach Hause. Mit ihm kam eine andere Frau. Sie war hübsch und jung, höchstens siebzehn Jahre alt.
„Mach Essen und hol Bier!", befahl er Lin.
Lin gehorchte. Dann saßen ihr Ehemann und seine Freundin in ihrem Haus. Sie aßen und tranken. Lin sah schweigend zu.
„Geh nach draußen!", sagte ihr Mann.
Lin gehorchte erneut.
Draußen saß sie auf einer Bank vor ihrer Hütte. Sie hörte, wie ihr Mann die andere Frau liebte.
Lin ging langsam über die Straße zur Hütte ihrer Eltern. Dort schlief sie in dieser Nacht. Als sie am nächsten Morgen in ihre Hütte zurückkehrte, waren ihr Mann und seine Geliebte nicht mehr da. Das Haus war leer. Ihren Mann hat Lin niemals wieder gesehen.

Für Lin begann ein neues Leben. Sie verließ ihr früheres Haus und zog wieder in das Haus ihrer Eltern. Es gab keinen Grund mehr, für ein eigenes Haus Miete zu bezahlen. Sie hätte es auch nicht bezahlen können.
Lin´s Vater war Fischer. Er war ein fleißiger Mann. Von Sonnenaufgang bis Sonnenuntergang arbeitete er am nahe gelegenen Fluß. Er fing so viele Fische, Garnelen, Schnecken und Krebse, daß sie einiges verkaufen konnten. Von diesem Geld konnte Lin Gemüse, Reis und was man so brauchte,

kaufen. Hinzu kam das Geld, das Lin für das Waschen von Wäsche und für Bügeln verdiente.

Nein, richtig schlecht ging es Lin und ihrer Familie noch nicht. Lin´s Eltern besaßen sogar einen Fernsehapparat und einen Kühlschrank.

Lin war eine sehr gute Köchin. Sie fing Frösche, Kröten und auch kleine Schlangen. An manchen Tagen sammelte sie Tausende von ‚Maeng mau', eine Art geflügelte Ameisen. Aus allem konnte sie schmackhafte Gerichte zubereiten. Noch war das Leben von Lin nicht sehr schwer.

Lin´s Schwangerschaft hingegen verlief voller Komplikationen. Oft mußte sie den Dorfarzt aufsuchen.

„Entbinden kannst Du hier im Dorf nicht", erklärte der Arzt ihr, „Du mußt zur Entbindung in das große Krankenhaus in die Provinzhauptstadt Roi et."

„Das kann ich nicht, soviel Geld habe ich nicht."

„Wenn Du hier entbindest, könntest Du sterben." Der Arzt zuckte die Schultern.

„Ich habe kein Geld."

Die Entbindung war schrecklich. Lin glaubte zu sterben. Sie wand sich vor Schmerzen. Sie schrie, verlor das Bewußtsein, erwachte erneut und krümmte sich vor Qualen.

Doch Lin überlebte.

Auch das Kind, ein Mädchen, war gesund. Buddha hatte geholfen.

Zum Dank verehrte Lin Buddha Blumen, Kerzen und Räucherstäbchen. Immer noch war ihr Leben halbwegs in Ordnung.

Schon lange klagte Lin´s Vater über Schmerzen im Bauch. Täglich wurden sie schlimmer. An manchen Tagen konnte er nicht arbeiten. Vor Schmerzen gekrümmt lag er dann auf einem breiten Tisch vor der Hütte. Sie brachten ihn zum Arzt.

Der Arzt untersuchte ihn.

„Es ist sehr ernst", sagte der Arzt. „Er muß operiert werden, sofort! Wenn er nicht sofort operiert wird, ist er in einer Woche tot. Er muß nach Roi et ins Krankenhaus!"

„Das Geld dafür haben wir nicht!"

„Dann wird er sterben!"

Jetzt war das Leben von Lin nicht mehr in Ordnung. Sie und ihre Mutter waren verzweifelt. Sie baten Nachbarn und Freunde um Geld. Sie erhielten auch etwas, aber viel zu wenig.

In der folgenden Nacht konnte Lin nicht schlafen. Ihr geliebter Vater würde sterben.

Ihre kleine Tochter hatte sie an ihre Brust gedrückt. Das Kind schlief friedlich. Was würde werden, wenn ihr Vater tot war. Wer sollte die Fische fangen. Ohne Fische kein Geld und ohne Geld?

Durch das kleine Fenster betrachtete Lin die Sterne am Himmel. Buddha sprach zu ihr. Lin wußte jetzt, was sie zu tun hatte.

Früh stand sie auf. Sie hatte von einer Frau gehört, die Mädchen und junge Frauen an Bars in die Touristengebiete vermittelte. Lin ging zu dieser Frau. Die Frau war sehr freundlich zu ihr. Sie tröstete Lin, die weinend von ihrem Schicksal berichtete.

„Ja", sagte die Frau, „ich kann Dir helfen. Zufällig habe ich eine sehr schöne Stelle zu besetzen. In Hua - hin. Leichte Arbeit und viel Geld."

„Was muß ich tun?"

„Bier verkaufen. Du arbeitest an einer Bierbar in Hua - hin. Du verkaufst Bier und andere Getränke. Du bekommst nur ein kleines Gehalt. Das große Geld erhältst Du von den Touristen. Die geben Trinkgeld ohne Ende. Du erhältst an einem Tag soviel Trinkgeld, wie Du hier in einem Monat nicht verdienst. Die Fremden an den Bars sind sehr reich!"

Lin hatte schon von dieser Art Arbeit gehört. Einige ihrer Freundinnen waren bereits in die Orte mit den vielen Touristen gegangen. Sie hatte nicht viel Gutes von dieser Tätigkeit gehört.

„Ich schlafe nicht mit den Touristen!"

„Natürlich nicht. Es gibt einige Mädchen, die das machen, um sich weiteres Geld hinzuzuverdienen. Aber Du bist ein anständiges Mädchen, Du machst so etwas nicht. Es ist auch besser so."

„Ich muß wirklich nicht mit ihnen schlafen?"

„Nein, ganz bestimmt nicht!"

„Das hört sich gut an, aber ich brauche das Geld jetzt, jetzt sofort. Wenn ich erst in Hua - hin bin, ist es zu spät, dann ist mein Vater bereits tot!"

„Wieviel brauchst Du?"

Lin nannte ihr die Summe.

„Ich gebe Dir das Geld."

„Wann?"

„Jetzt, sofort. Ich bezahle Dir auch die Busfahrt nach Hua - hin und gebe Dir noch etwas Geld extra. Du brauchst neue Kleider. Wenn Du erst in Hua - hin bist, wenn Du reich bist, gibst Du es mir wieder."

„Ja, ich gehe nach Hua - hin!"

Die Frau gab ihr das Geld. Sie war eine wirklich nette Frau. Sie war so gut zu ihr.

Noch am selben Tag brachte man ihren Vater in das große Krankenhaus in Roi et. Das Leben schien wieder in Ordnung.

Der Abschied war schwer. Lin küßte ihre kleine Tochter ein letztes Mal. Sie verneigte sich vor ihrer Mutter. Ein letzter Blick auf die geliebte Hütte. Tränen standen ihr in den Augen. Dann ging sie.

Der Bus war voller Frauen und Mädchen. Zwei Tage fuhren sie nach Hua -
hin. Sie kannten sich nicht, doch schnell wurden sie alle Freundinnen. Es
war lustig im Bus. Es gab so viel zu erzählen. Jede hatte andere Pläne über
das, was sie mit dem vielen Geld machen würde, wenn sie erst reich wäre.

In Hua - hin wurden sie auf verschiedene Bars aufgeteilt. Noch am selben
Abend sollten sie mit ihrer Arbeit beginnen.
Die Arbeit war wirklich nicht schwer. Lin mußte Getränke servieren und Gläser spülen. Sie lernte, Cocktails zu mixen. Mit den Gästen, alle hatten helle
Haut, waren Farangs, konnte sie sich jedoch nicht unterhalten. Lin verstand
kein Wort Englisch.
Lin arbeitete fleißig und lächelte immer. Sie erhielt auch tatsächlich Trinkgeld. Es war allerdings sehr wenig. Die ihr bei der Einstellung in Aussicht
gestellten Beträge erreichte sie nie.
„Warte ab, in zwei Monaten beginnt die Saison. In zwei Monaten kommen
sehr viele Farangs. Dann bekommst Du ganz viel Trinkgeld", sagte man ihr.
Lin begann zu zweifeln. Aber immerhin hatte sie ausreichend zu essen und
zu trinken und ein Dach über dem Kopf. Zusammen mit sechs anderen
Mädchen bewohnte sie eine kleine Hütte. Ohne Strom, ohne jede Einrichtung. Sie schliefen auf dem Boden. Die anderen Mädchen verdienten sich
Geld, indem sie mit den Touristen schliefen. Lin tat das nicht. Sie wollte es
nicht und selbst wenn sie gewollt hätte, konnte sie es nicht, wie sollte sie
denn so einen Farang kennenlernen, wenn sie kein Englisch verstand.

Zwei Wochen war sie schon hier in Hua - hin. Lin sehnte sich nach Hause.
Ihre kleine Tochter war sicher mächtig gewachsen. Bald würde sie sie wie-
dersehen. Sobald sie genug Geld eingenommen hatte, würde sie nach
Hause fahren, bald.
Lin stand in ihrer Bar und servierte. Einer der Farangs sah sie häufig an. Er
lächelte sie an, er sprach mit ihr. Sie verstand ihn nicht, schüchtern lächelte
sie. Dann sprach der Fremde mit dem Barbesitzer. Er gab dem Barbesitzer
Geld.
„Du gehst mit dem Fremden!", sagte der Barbesitzer, „eine Stunde."
„Nein!" Lin glaubte, ihr Herz bliebe stehen. „Nein!"
„Du gehst!"
„Nein, ihr habt mir versprochen, daß ich so etwas nicht machen muß!"
„Er hat bereits für Dich bezahlt. Du gehst!"
„Gib ihm das Geld zurück!"
„Ich bin doch nicht verrückt! Du gehst!"
„Nein!"

Der Barbesitzer sagte nichts mehr. Er winkte einem anderen Mädchen. Sie ging mit dem Fremden. Lin hatte gewonnen. Lin war stolz auf sich.
Der Barbesitzer sprach mit einem Mann, einem Einheimischen. Dieser schaute einmal zu Lin, nickte und ging.
Lin servierte weiter, wie immer, stets lächelnd.
Etwa eine Stunde später sprach sie der Barbesitzer an:
„Komm jetzt."
„Wohin, Poo?" Lin redete ihn mit ‚Poo – Vater' an.
„Du wirst es schon sehen."
Gemeinsam gingen sie die Straße hinunter. Vor einem kleinen Haus blieb er stehen und öffnete die Tür. Er schob sie hinein. Es war ein kleiner Raum. Ein Bett, ein Tisch und zwei Stühle. Sonst nichts. In dem Raum waren vier Männer, Einheimische. Der, den sie an der Bar gesehen hatte, war auch dabei. Er grinste.
„Das ist sie", sagte der Barbesitzer. „Schlagt sie nicht ins Gesicht. Das Gesicht muß hübsch bleiben, sonst ist's nicht gut für das Geschäft."
Dann ging er und schloß die Tür.
Einer der Männer trat hinter Lin und hielt sie von hinten fest. Ein weiterer schlug ihr die geballte Faust in den Magen. Ein rasender Schmerz durchlief ihren kleinen Körper. Lin brach zusammen, das heißt: Sie dachte sie bräche zusammen. Aber der Mann hinter ihr hielt sie aufrecht. Immer wieder schlugen sie sie in den Bauch. Blut lief aus ihrem Mundwinkel. Endlich ließen sie sie los. Lin schlug auf dem harten Boden auf.
Einer der Männer nahm sie vom Boden hoch und warf sie auf das Bett. Sie rissen ihr die Kleider vom Leib. Dann vergewaltigten sie Lin - vier Männer.

Lin lag nackt auf dem Bett. Sie war allein. Die Männer waren gegangen. Noch immer spürte sie die schrecklichen Schmerzen im Körper. Die Schmerzen in ihrer Seele waren größer. Es war so furchtbar erniedrigend. Aber Lin hatte verstanden: Ja, sie würde mit den Fremden gehen.

Am nächsten Abend stand sie wieder in der Bar.
„Du mußt lächeln!", hatte der Barbesitzer gesagt, „Wer nicht lächelt, ist nicht gut für das Geschäft."
Lin lächelte. Einer der Gäste, ein etwas älterer Mann, versuchte sich mit ihr zu unterhalten. Sie verstand ihn nicht. Er sprach mit dem Barbesitzer. Er gab ihm Geld. Lin verstand.
„Du gehst mit diesem Mann!", sagte der Barbesitzer. „Für zwei Stunden hat er Dich gemietet."
Lin nickte.

Wie sie es von ihren Kolleginnen gesehen hatte, faßte sie die Hand des Fremden und ging mit ihm in sein Hotel. Heute war ihre Tochter drei Monate alt geworden.

Lin´s Brüste schmerzten. Sie waren hart und sonderten immer noch Milch ab. Lin trug Einlagen im BH, die immer durchfeuchtet waren.

Im Hotel griff der Fremde ihr an den Busen. Sie ließ es geschehen. Er zog das T - Shirt nach oben und schob eine Hand in ihren BH.

Er zuckte zurück. Er hatte die feuchten Einlagen berührt. Er setzte sich auf einen Stuhl. Er sprach auf sie ein. Sie verstand ihn nicht, Lin weinte vor Scham.

Der Fremde zeigte auf ihren Bauch: „Baby?", fragte er.

Lin verstand. „Baby." Sie nickte.

Der Fremde schien zu überlegen. Dann kam er zu ihr und gab ihr einen Geldschein. Warum nur? Er hatte doch schon beim Barbesitzer bezahlt.

Sie glaubte zu verstehen und begann ihre Hose auszuziehen. Der Fremde hielt ihre Hände fest und schüttelte den Kopf. Nein, sie sollte sich nicht aus-ziehen.

Der Fremde schob sie zur Tür. Gemeinsam gingen sie zur Bar zurück. Der Barbesitzer würde sicher sehr böse sein. Man würde sie schlagen.

Man schlug sie nicht. Der Fremde sprach mit dem Barbesitzer. Der Fremde schimpfte. Ein anderes Mädchen ging mit ihm.

Die nächste Zeit mußte Lin nicht mehr mit den Fremden gehen. Man ließ sie in Ruhe. Wenn einer der Fremden Lin haben wollte und mit dem Barbesitzer über sie verhandelte, schüttelte dieser den Kopf: „Nein, diese nicht!"

Dann jedoch war es wieder so weit. Lin´s Brüste waren trocken. Sie trug keine Einlagen mehr in ihrem BH. Einer der Gäste sprach sie an. Sie ver-stand ihn nicht, wußte aber, was er wollte. Verlegen deutete sie auf den Barbesitzer. Der Fremde sprach mit ihm und gab ihm Geld. Lin wußte Be-scheid.

„Eine Stunde", sagte der Barbesitzer.

Lin nickte. Sie faßte die Hand des Fremden und ging mit ihm. Im Badezim-mer seines Hotelzimmers zog sie sich aus und wickelte sich in ein Hand-tuch. So hatten es ihre Freundinnen sie gelehrt.

Sie kam ins Zimmer zurück. Der Fremde deutete auf das Bett. Gehorsam legte sie sich hin. Der Fremde legte sich neben sie. Er zog ihr das Handtuch weg und betrachtete sie. Lin schämte sich. Noch nie hatte ein Mann sie so betrachtet, auch ihr Ehemann nicht.

Der Fremde begann ihren Körper zu streicheln. Bereitwillig spreizte Lin die Beine.

Komm, dachte sie. Komm schnell, damit es bald vorbei ist.

Als er dann auf ihr lag, schauten sie mit leeren Augen zur Decke. Sie dachte an zu Hause, an ihre kleine Tochter. Eine Träne floß aus ihrem Augenwinkel und rann über ihre Wange. Der Fremde sah die Träne nicht. Lin schämte sich.
Anschließend ging Lin duschen. Sie wusch sich ausgiebig. Sie wollte die Berührungen dieses fremden Mannes von ihrer Haut waschen. Es ging nicht. Diese Berührungen waren nicht auf ihrer Haut, sie waren auf ihrer Seele.
„Deine Einnahme schreibe ich Deinem Schuldkonto gut", sagte der Barbesitzer als Lin zur Bar zurückkehrte.
„Wieviel Schulden habe ich?", fragte sie.
„Viele, sehr viele Schulden. Du wirst oft mit den Fremden gehen müssen."
Lin nickte.

Ja, oft ging Lin mit den Fremden. Dreißig Mal, vierzig Mal? Lin wußte es nicht. Sie hatte aufgehört, zu zählen.
Er war immer das gleiche. Die Fremden machten das Geschäft mit dem Barbesitzer. Dieser verkaufte Lin´s Körper und nahm das Geld der Fremden. Wieviel Geld die Fremden für sie bezahlten, erfuhr Lin nicht.
Sie konnte sich die Fremden nicht aussuchen, sie verstand ja kein Englisch. Lin mußte mit allen Männern schlafen, die der Barbesitzer ihr zuwies. Geld bekam sie keins. Alles wurde ihrem Schuldenkonto gutgeschrieben.
Ihre angeblichen Schulden wurden jedoch kaum geringer. Wie lange noch würde sie dieses Leben führen müssen.

Einmal telefonierte sie mit ihrer Mutter. Natürlich hatten ihre Eltern kein eigenes Telefon. Ein Nachbar besaß ein Telefon. Den rief sie an. Dieser schickte nach ihrer Mutter. Zehn Minuten später rief Lin erneut an. Ihre Mutter war am Apparat.
„Wie geht es Dir, Kind?"
„Gut Mutter, sehr gut."
„Deine Tochter ist letzte Woche ein Jahr alt geworden."
Lin hatte nicht daran gedacht. „Solange bin ich schon hier?" Sie hatte jedes Zeitgefühl verloren.
„Wie geht es Vater?"
„Gut, er kann wieder arbeiten."
„Wie schön."
„Lin, wir brauchen ein neues Boot. Das alte Boot ist verrottet. Ein Boot ist sehr teuer."
„Ich schicke euch Geld. Bald habe ich Geld. Ich schicke es euch."
„Das ist lieb von Dir. Kinder sollten nie ihre Eltern vergessen."
„Ja, Mutter. Ich liebe euch."

Lin hatte gelogen. Woher sollte sie wohl das Geld für ein Boot hernehmen. Sie hatte ja selber nichts. Das Leben war hoffnungslos.
Doch Lin kam zu Geld, viel schneller, als sie erwartet hatte:

Es war ein Abend wie viele schon vorher. Lin stand in ihrer Bar und bediente. Ein Farang, ein Fremder, setzte sich an die Bar. Er war häßlich. Hoffentlich wollte dieser Mann nicht mit ihr schlafen. Lin schauderte.
Er war dick, hatte fast keine Haare. Quer über sein Gesicht lief eine große rote Narbe, die ihn geradezu entstellte.
Er bestellte ein Bier. Sie servierte es ihm. Er sprach sie an. Einige Worte englisch verstand Lin inzwischen.
„Do you come with me?" Wie oft hatte sie diese Frage schon gehört.
„Yes, pay to him." Sie zeigte auf den Barbesitzer.
Der Fremde bezahlte
„Er hat für eine ganze Nacht gezahlt, sei sehr nett zu ihm. Er hat viel Geld", sagte der Barbesitzer.
Sie gingen in sein Hotel.
Wie immer arbeitete Lin ganz mechanisch. Sie zog sich im Badezimmer aus, duschte ausgiebig, wickelte sich in ein Handtuch, kam in das Zimmer des Mannes zurück und legte sich zu dem Fremden. Wie war dieser Mann häßlich, sie hatte Angst vor ihm und sie ekelte sich vor ihm.
Er schlief mit ihr, wie schon so viele andere vor ihm. Anschließend lagen sie nebeneinander und unterhielten sich. Ihr inzwischen gelerntes Englisch reichte für eine einfache Unterhaltung aus.
Er erzählte ihr von seiner Frau, die er sehr liebte (warum schlief er dann mit ihr?) und von seiner Tochter. Sie sei etwa so alt wie Lin, erklärte er. Eigentlich war dieser Mann vielleicht doch ganz nett, dachte Lin. Wäre er bloß nicht so furchtbar häßlich gewesen.

Das erste Mal in Lin´s Leben verlief jedoch alles anders als bisher. Sonst war sie immer eine oder zwei Stunden benutzt worden. Dieses Mal war es ganz anders, eine ganze Nacht. Der Fremde besaß sicher sehr viel Geld.
Die ganze Nacht lagen sie nebeneinander und unterhielten sich - die ganze Nacht. Hin und wieder stand er auf und brachte ihr ein Getränk aus der Minibar. Dann unterhielten sie sich weiter. Der Mann war wirklich nett, aber leider so häßlich. Am Morgen erst schliefen sie ein und erwachten spät, gegen Mittag.
Lin erschrak. Es würde Ärger geben.
„Ich muß weg! Ich müßte schon längst zurück sein."
„Warum?"
„Du hast für mich nur bis zum Morgen bezahlt."
„Das laß man ruhig meine Sorge sein."

„Der Barbesitzer wird schimpfen."
„Wird er nicht!", sagte der häßliche Mann, „ich verspreche es Dir."
„Vielleicht schlägt er mich!"
„Er schlägt Dich?" Die dicke Narbe im Gesicht des häßlichen Mannes wurde dunkelrot, das machte ihn noch häßlicher.
„Nur ein bißchen, nur manchmal - nicht oft. Ist nicht schlimm. Bestimmt!" Lin hatte Angst. Das hätte sie dem Fremden sicher nicht sagen dürfen.
Das Aussehen des häßlichen Manns hatte sich verändert. Er sah geradezu gefährlich aus. Sie fürchtete sich vor ihm. War er etwa ein Pi, ein Geist?
„Warum bist Du mit mir gegangen?", fragte der häßliche Mann.
„Du hast für mich bezahlt, also bin ich gegangen."
„Hat man Dich nicht gefragt, ob Du wolltest?"
„Nein, natürlich nicht. Frauen, wie ich eine bin, werden nicht gefragt. Sie haben zu arbeiten."
Die Narbe in seinem Gesicht war noch dunkler geworden. Sie sah, er war wütend. Sicher war er wütend auf sie, was hatte sie wohl falsch gemacht. Vielleicht war er wirklich ein Pi. Sie verneigte sich vor ihm, um sich zu entschuldigen.
„Warum arbeitest Du hier?"
„Ich muß, ich habe Schulden beim Barbesitzer. Ich habe kein Geld!"
„Ich verstehe", sagte der häßliche Mann. Lin hingegen verstand nichts.
„Ich muß gehen, ich habe Angst."
„Du bleibst!"
Der häßliche Mann war jetzt sehr stark, das konnte Lin fühlen. Er war ganz anders als in der vergangenen Nacht. In der letzten Nacht hatte er eher verletzlich in ihren Armen gelegen.
Irgendwie bewunderte sie ihn. Ein großer Mann. Währe er doch nur nicht so häßlich gewesen.
„Ich muß gehen!" Die Angst in ihrer Stimme war unüberhörbar.
„Vor wem hast Du Angst, vorm Barbesitzer?"
„Ja."
„Dieses Arschloch!"
Dieses Wort hatte Lin noch nie gehört, aber sie spürte, etwas Gutes konnte es nicht bedeuten.
„Zieh Dich an, wir gehen!"
Lin gehorchte. Wie war dieser Mann jetzt stark. Sie spürte es, sie begann diesen häßlichen Mann zu mögen.
Sie gingen zu ihrer Bar. Er ging schnell. Er zog sie an der Hand hinter sich her. Sie konnte kaum folgen. Der häßliche Mann war wütend.
Je näher sie ihrer Bar kamen, desto größer wurde Lin´s Angst. Der Barbesitzer würde sie schlagen. Lin wußte es.
„Fremder, Du mußt nachbezahlen", sagte der Barbesitzer.

„Wieviel?"
„Einen vollen Tag."
„Arschloch!" Wieder dieses eigentümliche Wort. Lin wollte es sich merken.
War es etwa der neue Name des Barbesitzers?
Der häßliche Mann legte ganz viel Geld auf den Tresen.
„Ich nehme sie eine ganze Woche."
„Sie hat Dir also gefallen?"
„Ja, weil sie anders ist als Du, Du Arschloch."
Der Barbesitzer steckte lächelnd das Geld ein. Er nickte Lin zu: „Geh jetzt
mit ihm. Sei ganz lieb zu ihm, er hat viel Geld."
Lin ging mit ihm. Viele Tage lang. Sie aßen in wunderschönen Restaurants.
Sie unterhielten sich viel. Oft und lange gingen sie spazieren. Der Fremde
fragte viel. Alles wollte er von ihr wissen; und Lin erzählte es ihm. Oft sah er
sie nachdenklich oder zweifelnd an. Anfangs verschwieg Lin einiges. Sie
schämte sich. Der häßliche Mann gab nicht nach. Alles wollte er wissen, alles. Und dann erzählte Lin alles, alle Einzelheiten.
„Du bist so alt, wie meine Tochter", sagte er oft und streichelte sie. Lin verstand nicht, was er damit sagen wollte.

Die Woche, die er sie gemietet hatte, war vorbei. Jetzt liebte Lin diesen
häßlichen Mann.
„Ich muß gehen", sagte sie am letzten Morgen.
„Ich weiß."
„Pai gon" – „Auf Wiedersehen."
„Nein, Du bleibst!"
Wieder sah sie, wie sich die Narbe in seinem Gesicht rot färbte.
Lin blieb. Sie blieb den ganzen Tag und die folgende Nacht. Der Barbesitzer
würde sie schlagen.
„Ich habe Angst vor ihm", sagte sie am nächsten Morgen.
„Hab keine Angst", sagte der häßliche Mann und streichelte ihr sanft über
das Haar. „Du wirst schon sehen, Du kennst mich noch nicht. Mit so einem
Arschloch (wieder dieses Wort) werde ich schon fertig."
Er streichelte sie.
„Wieviel Schulden hast Du?"
„Ich weiß es nicht."
„Was würdest Du tun, wenn Du keine Schulden hättest?"
„Ich weiß es nicht."
„Würdest Du zu Deiner kleinen Tochter und zu Deiner Familie zurückkeh-
ren?"
„Wie gerne, aber der Barbesitzer erlaubt es nicht."
„Arschloch!", preßte der Fremde zwischen den Lippen hervor.
„Komm!" Die Narbe in seinem Gesicht glühte dunkelrot.

Sie gingen zur Bar. Arschloch wartete schon.

„Du mußt nachbezahlen, Fremder." Der Barbesitzer lächelte zufrieden.

Das, was jetzt geschah, hatte Lin noch nie gesehen:

Der häßliche Mann war ein Pi, ein Geist - ganz bestimmt! Er brüllte den Barbesitzer an. Sie verstand kaum etwas. „Police" verstand sie „Tourist Police". Der Barbesitzer wurde grob. Da griff der häßliche Mann einfach über die Theke. Er ergriff den Barbesitzer vorne am Hemd und zog ihn halb über die Theke. Er brüllte dem Barbesitzer ins Gesicht.

Die Narbe des Pi leuchtete dunkelrot. Er sah schrecklich und gefährlich aus. Der Barbesitzer wurde kleinlaut, doch der Pi schimpfte weiter auf den Barbesitzer ein. Der, Lin konnte es deutlich merken, hatte Angst vor dem Geist. Ja, Arschloch fürchtete sich.

Dann legte der häßliche Mann viel Geld auf den Tresen.

„Hol Deine Sachen aus der Hütte", sagte der Barbesitzer zu Lin. Lin hörte die Angst in seiner Stimme.

„Komm schnell wieder", sagte der häßliche Mann lächelnd zu ihr.

Lin gehorchte.

Als sie mit zwei gefüllten Plastiktüten zurückkam, saß der häßliche Mann gemütlich an der Theke. Er rauchte und trank ein Bier. Arschloch bediente ihn persönlich.

„Komm", sagte der häßliche Mann, „Du bist frei."

„Frei, was bedeutet das?"

„Du mußt hier nicht mehr arbeiten, Du kannst nach Hause fahren, in den Issaan."

Frei? Sie verstand es nicht.

Dieser Mann war ein Pi, ein Geist - ein guter Geist.

Eine weitere schöne Woche blieben sie zusammen, aber der häßliche Mann schlief nicht mehr mit ihr.

„Du bist so alt wie meine Tochter", sagte er oft. Das verstand sie, aber warum schlief er nicht mehr mit ihr. Mochte er sie nicht mehr?

„Ich muß gehen", sagte der häßliche Mann eines Tages, „und Du auch. Ich fahre zurück in meine Heimat, nach Deutschland. Du fährst nach Hause, in den Issaan. Ich werde nicht zurückkommen. Wir sehen uns niemals wieder. Vergiß mich nicht. Hier sind Deine Fahrkarten."

Er reichte ihr einen Umschlag.

„Danke."

Das Geld für das Boot für Deinen Vater habe ich auch in den Umschlag getan. Etwas Geld für Dich ist auch noch dabei."

Er küßte sie. „Vergiß mich nicht."

„Nein, niemals, lieber Pi!"

Er brachte sie zum Bus. Der Bus fuhr los. Sie winkte ihm zu bis sie ihn aus den Augen verlor. Sie liebte diesen häßlichen Mann, diesen guten Pi.

In Bangkok stieg sie in den Nachtzug nach Roi et. Am frühen Morgen kam sie an. Mit einem Songthaeo (ein LKW mit zwei Reihen Sitzbänken auf der Ladefläche) fuhr sie in ihr Dorf.
Die letzten Meter zur Hütte ihrer Eltern lief sie.
Lin war zu Hause, endlich zu Hause. Lin war wieder frei!
Sie lag ihrer Mutter in den Armen. Sie küßte ihre kleine Tochter. Das Leben war wieder schön. So lange war sie fortgewesen.
„Wo ist Vater?"
„Er arbeitet. Ohne Boot ist die Arbeit sehr schwer."
„Ich habe das Geld für ein neues Boot", jubelte Lin, „wir kaufen ein neues Boot."
Sie strahlte, als sie ihrer Mutter das viele Geld in die Hand drückte.
„Danke", sagte ihre Mutter. Beide hatten Tränen in den Augen.
Der Vater kam. Lin lief ihm entgegen.
Auf den Knien, mit vor der Brust zusammengelegten Händen, begrüßte sie ihren geliebten Vater.
Achtlos ging er an ihr vorüber und setzte sich mit untergeschlagenen Beinen auf den großen Tisch vor ihrer Hütte. Er rauchte und sprach kein einziges Wort.
„Bist Du wieder gesund?", fragte Lin zaghaft.
Dann sprach ihr Vater einen einzigen Satz - einen furchtbaren Satz:
„Galii!", sagte er abfällig. „Nutte!"
Er hatte von Ihrer Arbeit in Hua - hin erfahren.
„Pai löi ja kap ma! - Verschwinde, komm niemals wieder!"
Lin hatte verstanden.

Mit versteinertem Gesicht verbeugte sie sich vor ihrem geliebten Vater und vor ihrer Mutter. Ihre Mutter weinte leise. Ein letztes Mal küßte Lin ihre kleine Tochter. Dann ging sie.

Der Nachbar besaß ein Auto.
„Bring mich in die Provinzhauptstadt", sagte Lin. „Bring mich nach Roi et zum Bahnhof."
„Wohin willst Du?"
„Nach Hua - hin."

Titanic

Der Inhalt dieser Geschichte ist der gleiche, wie der der Geschichte „Das Buddha - Amulett". Hier allerdings berichtet die beteiligte Frau über die stattgefundenen Begebenheiten aus ihrer (weiblichen) Sichtweise. Zwangsläufig ergeben sich einige Unstimmigkeiten und ein gänzlich anderer Schluß.

Sie war ein Barmädchen. Sie hieß Nok (deutsch: Vogel). Sie war 31 Jahre alt und arbeitete an einer Bar auf der Insel Phuket, im Ort Karon. Ihr bisheriges Leben war, wie sie es später mit deutschen Worten beschrieb, „einfach Scheiße".
In einem kleinen Dorf, im Nord - / Osten Thailands, im Issaan, war sie aufgewachsen. Schon in frühester Kindheit lernte sie hart zu arbeiten. Fische fangen, Hausarbeit erledigen, Essen kochen und Feldarbeit. Freizeit hatte sie keine. Zur Schule ging sie nur recht unregelmäßig. Die Arbeit ging vor. Sie lernte daher nur mäßig lesen und schreiben. Rechnen konnte sie gar nicht. Etwa mit vierzehn Jahren, das genaue Alter wußte sie nicht, da sie ihr Geburtsdatum nicht kannte, brachten sie Ihre Eltern in ein Kloster. Hier lebte sie etliche Jahre.
Im Kloster wurde ihr der Kopf geschoren und die Körperbehaarung ausgezupft. Die Haare wuchsen nicht wieder.
Das Klosterleben gefiel ihr. Es war harte Arbeit, doch das war sie ja gewohnt. Es gab die übliche Hausarbeit, sie mußte Essen kochen, Wäsche waschen und endlose Fußböden schrubben. Dazwischen beten und meditieren. Täglich gab es nur eine Mahlzeit, am Morgen. Aber sie empfand das Klosterleben als schön und angenehm, wahrscheinlich gefiel es ihr deshalb, weil es ein geregeltes Leben war.
Doch das geregelte Leben im Kloster hatte ein jähes Ende. Eines Tages wurde sie zur Oberin gerufen.
„Du wirst uns nächste Woche verlassen", sagte die Oberin.
„Warum?"
„Du wirst heiraten. Deine Eltern haben einen Ehemann für Dich gefunden."
Nok nickte. Sie war traurig. Sie wußte, ihre Eltern hatten sie quasi verkauft. Später erfuhr sie: Ihr Ehemann hatte 30.000 Baht (etwa € 750,00) für sie bezahlt.
Sie kehrte in ihr Dorf zurück und heiratete den ihr völlig fremden Mann. Er war schon alt. Sie schätzte ihn auf etwa fünfzig Jahre.

Es war eine große Hochzeit. Das ganze Dorf war zu Gast. Es hatte sicher sehr viel Geld gekostet. Aber ihr Mann hatte viel Geld. Er war ein wohlhabender Geschäftsmann.

Die erste Nacht mit ihm war schrecklich. Sie wußte nicht, was er von ihr wollte. Niemand hatte es ihr erklärt, sie war nicht aufgeklärt worden. Als sie ins Kloster ging, war sie noch zu klein, als daß ihre Mutter mit ihr über so etwas gesprochen hätte. Im Kloster wurde über so etwas nie gesprochen.

Es tat weh. Sie fühlte sich vergewaltigt. Sie fühlte sich von ihren Eltern verkauft. Warum nur hatten ihre geliebten Eltern das getan? Wegen Geld! Geld war ihnen wichtiger, als Nok´s Leben.

Ihre Mutter hatte ihr eine Schachtel mit Pillen gegeben. Jeden Tag müsse Nok eine dieser Pillen essen, sonst bekäme sie sehr schnell ein Kind, das sei nicht gut.

Widererwarten verlief ihre Ehe in der ersten Zeit recht gut. Bald mochte sie diesen alten Mann. Liebe - nein, Liebe empfand sie nicht für ihn. Sie wußte auch gar nicht, was Liebe ist.

Nok und ihr Ehemann lebten zusammen in einem kleinen Haus in der Nähe des Hauses ihrer Eltern. Einige Jahre ging es gut. Nok führte den Haushalt und ihr Mann ging seinen Handelsgeschäften nach. Sie hatten ausreichend Geld und mußten keinesfalls Not leiden.

Doch dann kam ihr Mann immer häufiger abends nicht nach Hause. Oder, wenn er doch erschien, war er betrunken und schlug sie. Er gab ihr nicht ein paar Ohrfeigen, nein, er schlug sie, bis sie am Boden lag.

Ihre Eltern sagten nichts dazu. Ihr Mann hatte sie ja schließlich gekauft und konnte mit ihr machen, was er wollte.

Bald erfuhr Nok, ihr Mann hatte eine Freundin, eine wesentlich jüngere. Sie sagte nichts dazu, was hätte sie auch sagen sollen.

Irgendwann vergaß Nok die Pille. Sie wurde schwanger.

Jetzt schlug sie ihr Mann täglich. Er brach ihr einen Kieferknochen und zwei Finger. Das Leben war für sie die Hölle.

Und dann... plötzlich war er weg. Er kam nie wieder. Er lebte mit der anderen zusammen.

Mit ihrem Ehemann waren alles Geld, ihr Schmuck und alles andere verschwunden. Was ihr blieb, war ein kleines kupfernes Buddha - Amulett. Es stammte noch aus der Zeit ihres Klosterlebens. Sie trug es, da sie jetzt nicht einmal eine Kette mehr besaß, an einer Schnur um den Hals.

Bald bekam Nok ihr erstes Kind, eine Tochter. Der Vater hatte sein Kind nie gesehen.

Jetzt wurde das Leben schwer. Ohne eigenes Geld lebte sie mit der Tochter im Hause ihrer Eltern. Das Kind und sie brauchten Kleidung. Sie hatten kaum etwas zu essen. Ihre Eltern waren arm. Geld mußte her!

Sie verließ ihre kleine Tochter und ihre Eltern. Sie fuhr in die große Stadt, nach Bangkok. Hier hatte sie eine Anstellung als Köchin in einem Straßenrestaurant gefunden. Zu fünft schliefen die Angestellten in einem winzigen Raum, ohne jede Einrichtung, ohne Lüftung.
Bei Sonnenaufgang war Nok bereits auf dem nahe gelegenen Markt zum Einkaufen. Dann bereitete sie das Essen zu. Gegen zehn Uhr vormittags öffnete das Restaurant. Bis ein Uhr nachts mußte Nok kochen.
Es war eine anstrengende Arbeit. Trotzdem machte es ihr Spaß. Das wenige Geld, das sie verdiente, schickte sie nach Hause, zu ihrer Mutter.
Einmal, ein einziges Mal, war sie mit ihrer Freundin ins Kino gegangen. So etwas Schönes hatte sie noch nie gesehen. Sie sah den Film 'Titanic'. Sie war überwältigt, sie weinte, als das große Schiff unterging und der Hauptdarsteller in den Fluten ertrank. Die Titelmelodie dieses Films war seitdem ihre Lieblingsmelodie.
Einer der Gäste kam recht häufig in das Straßenrestaurant. Ein junger, gutaussehender Mann, ein Einheimischer. Sie verliebte sich in ihn. Viel zu spät erkannte Nok, daß er nichts taugte. Er war drogensüchtig.

Auch dieser Mann schlug sie brutal. Er schlug sie sogar noch härter als ihr Ehemann. Er hatte Freude daran, Nok wimmernd auf dem Boden kniend zu sehen. Es gefiel ihm, zu hören, wie sie ihn anbettelte, sie nicht weiter zu schlagen.
Einmal schlug er ihr ein Glas ins Gesicht. Die Splitter saßen tief in ihrem Fleisch. Ein Splitter verfehlte das Auge nur knapp. Ein anderer Splitter zerschnitt einen Nerv. Von nun an war ihr Gesicht etwas schief. Sie hatte kein Gefühl mehr in der rechten Gesichtshälfte.
Täglich wollte ihr Freund Geld von ihr, er brauchte neue Drogen. Wenn sie kein Geld hatte, schlug er sie.
An einem Tag, Nok besaß noch 30 Baht (etwa € 0,75), verlangte er erneut Geld von ihr. Sie gab ihm 20 Baht. Diesen Geldschein zerriß er vor Wut in kleine Fetzen. Er wollte große Scheine. Kleingeld wollte er nicht. Er durchsuchte Nok und fand die weiteren 10 Baht. Zur Strafe schlug er sie unbarmherzig. Als sie vor ihm auf dem Boden lag, ergriff er ihre Hand und brach ihr, wobei er ihr lächelnd ins Gesicht sah, den kleinen Finger der rechten Hand.
„Das wird Dich stets daran erinnern, mir nie wieder Geld vorzuenthalten", erklärte er ihr.
Nok wurde erneut schwanger. Sie zog mit ihrem Freund in ihr Dorf. Vielleicht würde es dort besser, dort gab es sicher keine Drogen.
Doch ihr Freund bekam Drogen, auch in ihrem Dorf.
Hier im Dorf von Nok schlug er nicht nur sie, sondern auch ihre kleine Tochter. Er prügelte das Kind unbarmherzig.

An einem Tag, er verlangte wieder Geld, beschuldigte er Nok, Geld heimlich versteckt zu haben. Sie stritt das ab.

„Du wirst mir das Versteck verraten", drohte er ihr, „oder ich schlage Dich tot. Wo ist es?"

Es gab kein Versteck. Nok hatte kein Geld. Er glaubte ihr nicht. Er schlug sie. Dann band er sie an einen Pfahl.

Von hier aus mußte Nok mit ansehen, wie er ihre kleine Tochter schlug. Sie hörte das Schreien und Wimmern ihres Kindes. Sie konnte nicht helfen und mußte mit ansehen, wie ihre kleine Tochter mißhandelt wurde.

Dann zündete er sich eine Zigarette an und drückte die Glut dem Kind auf den Oberarm. Die Schreie ihrer Tochter hat Nok bis heute nicht vergessen.

Nach diesem Vorfall ging Nok, trotz schrecklicher Angst vor ihrem Freund, zum Dorfoberhaupt. Sie wollte sich von ihrem Freund trennen.

Der Dorfvorsteher war ein verständiger Mann. Er erkannte die Gefahr, in der Nok schwebte, wenn sie auch nur noch einen einzigen Tag mit ihrem Freund zusammenleben mußte. Der Dorfvorsteher reagierte schnell. Noch am selben Tag wurde Nok´s Freund aus dem Dorf verwiesen. Drei kräftige Männer brachten ihn aus dem Dorf. Nok hat ihn nie wiedergesehen.

Bald darauf bekam Nok ihr zweites Kind, wieder ein Mädchen.

Nok durfte kein weiteres Kind mehr haben. Ihr Vater hatte es so entschieden. Ihre Mutter sagte es dem Arzt, der führte die Operation durch. Nok hatte man nicht einmal gefragt. Wozu auch. Nok war eine Frau mit zwei Kindern ohne Ehemann. Sie war nichts wert.

Nok´s Leben wurde jetzt fast unerträglich. Sie brauchte Geld. Die Kinder mußten Essen und Kleidung haben. Nok hatte keine Arbeitsstelle. Da erfuhr sie von einer leichten Arbeit für viel Geld: Bierverkauf an einer der zahlreichen Bars in Phuket. Nein, mit den Touristen schlafen müsse sie nicht, lediglich Bier verkaufen. Das Trinkgeld, das sie dort erhielte, sei ein vielfaches von dem, was sie sonst erwirtschaften könne.

Nok war dumm. Sie glaubte den Anwerbern. Nok ging nach Phuket.

Anfangs stimmte auch alles. Sie verkaufte Bier und bekam Trinkgeld. Es war nicht so viel, wie man ihr versprochen hatte, aber immerhin. Das Geld sandte sie nach Hause, zu ihrer Mutter.

Drei Monate lebte sie schon auf Phuket. Trotz vieler Aufforderungen und trotz guter finanzieller Angebote war sie standhaft geblieben. Sie ging nicht mit den Touristen.

Ihre Freundinnen verspotteten sie deshalb. Nok blieb standhaft; Bier verkaufen, Geld sparen und möglichst bald nach Hause zurückkehren, das waren ihre einzigen Pläne.

Dann, eines Tages, erklärte man ihr, daß sie sehr viele Schulden habe. Die teure Busfahrt nach Phuket. Drei Monate Unterkunft (man berechnete ihr die schäbige Hütte, die sie mit anderen Mädchen teilen mußte, zu Hotelpreisen), das Essen und das Trinken. Einen Vorschuß hatte man ihr auch gegeben. Da kam schon so einiges zusammen.
„Du mußt Deine Schulden bezahlen. Beschaffe Geld!"
„Ich habe kein Geld", sagte sie.
„Weil Du faul bist und nicht fleißig arbeitest."
„Ich arbeite viel, aber ich habe einfach zu wenig Geld."
„Die Gäste mögen Dich nicht, sonst würden sie Dir mehr Trinkgeld geben."
„Ich werde mich bemühen, daß die Gäste mich mehr mögen. Ich werde immer lächeln."
„Das wird nicht reichen. Du wirst mit Ihnen gehen. Von jedem, mit dem Du schläfst, bekommst Du 600 Baht (ca. € 15,00)."
„Ich will nicht mit den Touristen schlafen."
„Das interessiert mich nicht, Du wirst es tun!"

Ja, Nok wußte, sie würde es tun. Sie würde es tun müssen. Sie hatte keine andere Wahl. Alle anderen Frauen taten es auch. Wenn ein Mann käme, den sie mochte und der nett zu ihr war, würde sie es tun. Mit einem netten Mann war es sicher viel leichter. Nok war bereit dazu.

Es war ein Tag wie schon so viele andere. Trotz der langen Nacht war sie früh aufgestanden. Nok hatte Frühdienst. Sie hatte die Bar zu reinigen, das angelieferte Eis und die Getränke in Empfang zu nehmen und die benutzten Gläser der letzten Nacht zu spülen. Es gab viel zu tun und sie war ganz allein. Nok war gerade am Spülen der Gläser, sie blickte hoch und sah ihn.
Er war groß, ein wenig dick, auch nicht mehr ganz jung. Er hatte goldene Haare, das sah gut aus. Er trug eine Brille, sicher ein wichtiger Mann.
Langsam kam er die Barstraße entlang. Er ging an Nok´s Bar vorbei. Sie lächelte ihn an. Er lächelte zurück. Verlegen beschäftigte Nok sich schnell wieder mit den Gläsern. Aus den Augenwinkeln beobachtete sie ihn jedoch weiter. Er ging vorbei - schade.

Dann blieb er stehen, er schien zu überlegen. Er drehte sich um und kam zu ihrer Bar zurück. Schnell rückte sie ihm einen der Barhocker zurecht.
„What you drink?", fragte sie in gebrochenem Englisch.
„One Singha - Bier please."
Sie stellte ihm eine Flasche hin.
Er fragte sie etwas auf Englisch. Sie verstand nicht. Er machte die Gebärde des Trinkens und zeigte dabei auf sie. Jetzt verstand sie.
„Heineken."

Sie lächelte ihn an. Dann stießen sie die Flaschen zusammen.

„Tschok dii khap[1]. - Zum Wohl."

„Tschok dii kha. - Zum Wohl."

Eine Gesprächspause entstand. Wenn sie doch nur Englisch gelernt hätte. Krampfhaft suchte sie nach ein paar englischen Vokabeln. Dann fiel es ihr ein:

„Good night", sagte sie.

Er lachte. „Good morning", verbesserte er sie.

„Good morning", wiederholte sie verlegen.

Eine neue Gesprächspause entstand. Nok wußte nichts zu sagen, sie lächelte verlegen.

Ein anderes Barmädchen, ihre Freundin, kam. Sie hieß Noi. Zur Begrüßung gab Noi dem Mann einen Kuß auf die Wange. Ja, Noi wußte, wie man mit den Fremden umzugehen hat. Noi war schon lange an dieser Bar tätig. Noi war die feste Freundin des Barbesitzers und daher so etwas wie Nok´s Vorgesetzte.

Noi stellte dem Fremden, ohne ihn zu fragen, ein weiteres Singha - Bier und ein Glas hin. Dann setzte sie sich zu ihm.

„Wenn dieser Mann kommt, gibst Du ihm ein Glas!", sagte Noi. „Er trinkt nicht aus der Flasche."

„Ich werde es mir merken."

Noi schenkte ihm ein.

„Schan lu khun tschop fong – Ich weiß, mit Schaum", flötete Noi.

Nok hatte den Eindruck, zu stören und beschäftigte sich wieder mit dem Spülen der Gläser. Von ihrem Bier hatte sie nur wenig getrunken. Schade, daß Noi gekommen war.

Nok beobachtet die beiden. Sie spielten das Spiel ‚Vier gewinnt'. Nok ärgerte sich über sich selbst. Warum war sie nicht selbst auf die Idee gekommen, mit dem Fremden zu spielen.

Der Fremde schien Anfänger in diesem Spiel zu sein. Fast jedes Spiel verlor er. Immer mußte er ein Bier bezahlen. Das würde recht teuer werden.

Irgendwie tat ihr der fremde Mann leid. Wenn er das Spiel nicht beherrschte, warum spielte er dann um Bier?

Die beiden scherzten und lachten. Noi hatte ihre Hand auf den Oberschenkel des Fremden gelegt. Irgendwie fühlte Nok so etwas wie Eifersucht. Sie

---

[1] *„Tschok dii" entspricht in etwa unserem „zum Wohl". Wörtlich ist es mit „Glück" zu übersetzen. Die darauf folgenden Silben „kha" oder „khap" sind Höflichkeitspartikel. Frauen verwenden „kha", Männer hingegen sagen „khap"*

bemerkte, daß Noi langsam betrunken wurde. Dem Fremden schien das Bier nichts auszumachen.

Wenn die beiden miteinander sprachen, konnte sie zwar nichts verstehen, trotzdem war sie fast sicher, die beiden sprachen Thai. Verstand dieser Fremde etwa ihre Sprache?

Sie hatten jetzt offensichtlich den Einsatz in diesem Spiel erhöht. Merkte dieser dumme Büffel denn nicht, daß Noi ihn nur ausnehmen wollte. Wahrscheinlich spielten sie um Geld. Er würde viel verlieren.

Noi spielte äußerst konzentriert. Nok schaute interessiert zu. Der Fremde würde sehr schnell verlieren, Noi spielte dieses Spiel sehr oft und sehr gut.. Er schien auch gar nicht richtig aufzupassen. Locker und ohne lange zu überlegen, warf er die Spielsteine in die Schächte. Sah er denn nicht, daß er einen Fehler machte? Noi konnte drei Steine am linken Rand plazieren. Dieser dumme Büffel! Er warf einen weiteren Stein ein.

Doch jetzt erkannte Nok plötzlich, der Fremde würde gewinnen. Er hatte jetzt ebenfalls einen Dreier. An beiden Seiten seines Dreiers jedoch war je ein Feld frei. Noi konnte machen, was sie wollte, der Fremde würde gewinnen. Wie konnte dieser dumme Büffel nur soviel Glück haben.

Noi verlor das Spiel. Offensichtlich war es um sehr viel Geld gegangen, denn Noi war recht einsilbig geworden. Nok beschäftigte sich wieder mit dem Spülen der Gläser.

Noi ließ den Fremden allein, um ihr beim Spülen zu helfen.

„Hast Du viel Geld verloren, Noi? Um wieviel habt ihr gespielt?"

„Wir haben um mich gespielt. Heute Abend muß ich mit ihm gehen."

Nok war verblüfft.

Der Fremde rief Noi etwas auf englisch zu.

„Du sollst zu ihm gehen", sagte sie, „laß ihn nicht warten."

Nok ging zu ihm. Sie begrüßte ihn mit einem Wai, die Hände flach vor der Brust zusammengelegt verbeugte sie sich lächelnd. Mit einer Handbewegung lud der Fremde sie ein, sich zu setzen.

„Khun tschop düüm arai? – Was möchtest Du trinken?", fragte er sie auf Thai.

„Du sprichst Thai?"

„Ja, ein Bißchen."

„Nein, Du sprichst sehr gut Thai."

„Danke, wie heißt Du?"

„Nok[1] und Du?"

„Helmut."

Sie merkte, wie der Fremde sie musterte. Jetzt, da sie Thai sprachen, war die Unterhaltung viel einfacher. Der Fremde war ein eigentümlicher Mann.

---

[1] *Deutsch „Vogel".*

Er fragte sie förmlich aus. Alles wollte er von ihr wissen. Alles erzählte sie natürlich nicht, aber doch sehr viel.

„Warum hast Du keine Augenbrauen?", fragte Helmut.

„Früher war ich Nonne", erklärte Nok, „Nonnen haben keine Haare. Man hat mir die Haare geschoren und die Körperhaare ausgezupft. Sie wachsen nicht mehr wieder."

„Hast Du gar keine Haare am Körper?", fragte er grinsend.

Sie sind unverschämt, diese Fremden. Wie konnte er nur so etwas fragen. Was glaubte er wohl, was für eine Frau sie sei. Sie schämte sich.

Aber trotz dieser unverschämten Frage war sie ihm nicht wirklich böse. Sie mochte diesen Mann. Nok überlegte, wenn er sie fragen würde, ob sie mit ihm ginge, ja, mit diesem Mann würde sie vielleicht gehen.

Bisher hatte sie, wenn die Männer sie fragten, immer stolz abgelehnt. Die Männer waren darum nicht böse, es gab ja genügend andere Mädchen, die mit ihnen gingen.

Aber wenn dieser Mann sie fragen würde, ja, sie ginge mit ihm.

Helmut bewunderte das kleine kupferne Buddha - Amulett, das sie um den Hals trug. Nok war sehr stolz auf dieses Amulett und sie zeigte es ihm gern. Sie liebte es.

„Das ist ein ‚Luang phoo khun'. Es beschützt mich vor allem Unheil. Es ist sehr heilig. Nie im Leben werde ich mich von ihm trennen!"

Nok schämte sich etwas. Sie besaß nicht einmal eine Kette für ihr Buddha – Amulett. An einer dünnen Schnur hing es um ihren Hals.

Plötzlich fragte dieser Mann:

„Gehst Du mit mir essen?"

Nok war verwundert. Was sollte diese Frage? Sonst fragten die Männer: "Gehst Du mit mir schlafen?" oder „kommst Du mit in mein Hotel?" oder ähnliches.

Gehst Du mit mir essen? Das war schon ungewöhnlich. Wollte er wirklich nur mit ihr essen gehen? Sie überlegte.

„Noi, darf ich mit ihm essen gehen?"

„Bleib nicht so lange. Bald kommen die ersten Gäste."

„OK."

„Ja, ich gehe mit." Sie lächelte scheu.

„Wohin gehen wir?"

„Ich weiß ein kleines Restaurant. Es soll sehr schön dort sein und gar nicht teuer. Viele Farang gehen dorthin."

„Warst Du schon einmal dort?"

„Nein."

Das Restaurant war hübsch eingerichtet. Das Essen jedoch schmeckte fade. Sie konnte besser kochen, als der Küchenchef in diesem Restaurant.

„Schmeckt es gut?", fragte Helmut.

„Ja, schmeckt sehr gut", log sie. Dann besann sie sich.

„Nein, es schmeckt nicht. Ich muß es wissen, ich bin Köchin."

Er sollte ruhig wissen, daß sie einen anständigen Beruf erlernt hatte, sie war stolz darauf.

„Früher habe ich in einem Restaurant in Bangkok gearbeitet."

Er schien verwundert zu sein.

„Wie lange hast Du in Bangkok gelebt?"

„Ein Jahr."

„Dann kennst Du Bangkok sicher recht gut?"

„Nein, gar nicht. Ich habe in Bangkok nur gearbeitet, fast jeden Tag. Das Restaurant, in dem ich gearbeitet habe, war ein Straßenrestaurant an der Ratchaprarop - Straße im Stadtteil Pratunam. Hierhin kommen keine Touristen. Ich kenne die Ratchaprarop und den Pratunam - Markt. Hier mußte ich jeden Morgen, bei Sonnenaufgang, einkaufen. Danach habe ich das Essen vorbereitet. Gegen zehn Uhr öffnete das Restaurant und bis ein Uhr nachts habe ich dann gekocht. Nein, ich kenne Bangkok nicht. Ich habe nur gearbeitet."

Trotzdem war es eine schöne Zeit. Sie hatte gern als Köchin gearbeitet.

„Einmal war ich im Kino. Ich habe den Film ‚Titanic' gesehen. Das war wunderschön und so traurig. Ich habe geweint, als der Geliebte der hübschen Frau im Meer ertrunken ist. Und die Musik von diesem Film ist meine Lieblingsmelodie. Immer, wenn ich sie höre, muß ich weinen."

Als sie von dem Film erzählte und an die wunderschöne Melodie dachte, spürte sie, wie eine kleine Träne aus ihrem Augenwinkel lief. Schell wischte sie sie weg. Hatte er es etwa gesehen?

„Gehen wir?"

Nok wollte noch nicht gehen. Sie wollte, daß er noch bei ihr blieb. Sie überlegte, was sie machen konnte.

„Ich möchte Dir noch zeigen, wo ich wohne."

„OK."

Sie verließen das Restaurant. Sie führte ihn zu ihrer Hütte. Unterwegs wurden sie von einem plötzlichen Regenschauer überrascht. Völlig durchnäßt erreichten sie Ihre Hütte. Sie schämte sich, in einer solch erbärmlichen Hütte leben zu müssen. Es sah alles so unordentlich aus. Ihre Freundinnen waren noch nicht einmal aufgestanden. Sie lagen, einige waren kaum bekleidet, auf dem Boden und schliefen bei offener Tür. Sie schämte sich für ihre Freundinnen.

„Du kannst nicht mit hinein. Meine Freundinnen sind noch nicht aufgestanden." Wie war ihr das peinlich.

Sie ging allein in die Hütte. Er setzte sich auf die kleine Bank vor der Tür und wartete. Schnell klaute sie eine Flasche Wasser von ihrer jüngeren

Schwester. Zusammen mit einem kleinen Handtuch brachte sie ihm das Wasser nach draußen.

Nok ging wieder ins Haus und zog sich frische Kleider an. Sie blickte auf die am Boden liegenden Freundinnen. Sie alle arbeiteten an der gleichen Bar. Alle waren Prostituierte. Sie schliefen für Geld mit den Fremden. Nok war die einzige, die es bisher noch nicht getan hatte. Ihre Freundinnen machten sich deshalb oft lustig über sie. Auch aus diesem Grunde hatte sie diesen Mann mit nach Hause gebracht. Ihre Freundinnen sollten ihn sehen.

In frischen Kleidern, sie gehörten einer Freundin, trat sie aus dem Haus. Er unterhielt sich mit der zahnlosen Alten von nebenan. Die trank sein Wasser. Nok ärgerte sich darüber. Nok hatte es ihm geschenkt, warum gab er es der Alten.

„Gehen wir?"

„OK."

Hand in Hand gingen sie zur Bar zurück. Noi wartete schon ungeduldig. Es gab viel zu tun, es waren schon Gäste da. Er setzte sich an die Bar. Nok gab ihm ein Singha – Bier - mit Glas. Sie schenkte ihm ein - mit Schaum.

Oh Buddha, er ist ja noch völlig durchnäßt. Sicher war er böse auf sie.

„Ich muß jetzt gehen", sagte er.

„Kommst Du wieder?" Nok schluckte.

„Heute abend."

Sie freute sich. Sie sah ihm nach. Er kam noch einmal zurück und sprach mit Noi.

Nein, Noi solle heute Abend nicht auf ihn warten. Das Spiel vorhin sei nur Spaß gewesen. Noi müsse nicht mit ihm gehen.

Nok freute sich. Heute Abend würde er wiederkommen und sich um sie kümmern. Noi war abgeschrieben. Dieser Tag war ein guter Tag.

Der Tag verging nur sehr langsam. Immer wieder blickte sie zur Hauptstraße hinunter. Würde er kommen?

Sie bediente die Gäste wie gewohnt, konnte sich aber nicht konzentrieren. Mehrfach verwechselte sie Bestellungen. Noi warf ihr vorwurfsvolle Blicke zu, sagte jedoch nichts. Wenn er doch nur endlich käme. Eigentlich müßte er schon längst hier sein. Sie wartete vergebens. Hätte sie ihn doch nur nach dem Namen seines Hotels gefragt. Sie wäre zu ihm gelaufen. Gegen Mitternacht gab sie das Warten auf. Er hatte wohl eine andere, eine Hübschere gefunden.

Nok servierte einen Cocktail. Völlig unkonzentriert stieß sie das Glas um. Die bräunliche Flüssigkeit ergoß sich über ihre Kleidung.

„Ich geh mich eben umziehen", rief sie Noi zu.

„Beeil Dich."

Nach etwa zwanzig Minuten kam sie mit frischer Kleidung an die Bar zurück. Nein, er war immer noch nicht da.

„Er hat nach Dir gefragt", sagte Noi.
„Er war hier? Wo ist er?"
„Keine Ahnung. Er hat vor ein paar Minuten bezahlt und ist gegangen."
„Wohin? In eine andere Bar, oder zur Straße hinunter?"
„Keine Ahnung."
Nok durchstreifte die schmalen Gassen zwischen den zahlreichen Bars. Sie lief zur Straße hinunter. Sie fand ihn nicht. Sie hatte ihre Chance verpaßt. Dieser Tag war ein schlechter Tag.

Der nächste Morgen.
Nok hatte verschlafen. Sie hatte diese Woche Frühdienst. Längst hätte sie an der Bar sein müssen. Schnell zog sie sich an und lief zur Bar. Die Bar war noch verschlossen. Glück gehabt, Noi war noch nicht da. Mit Noi war nicht zu spaßen. Noi schlief nicht wie die anderen Mädchen in der schäbigen Hütte. Sie wohnte im Haus des Barbesitzers. Mit ihm teilte sie das Bett. Dieses hielt sie jedoch nicht davon ab, von Zeit zu Zeit mit einem der Fremden zu gehen. Noi liebte das Geld.
Nok begann, den Barraum zu säubern. Fegen, die Theke wischen und Gläser spülen, schrecklich viele Gläser. Die Reste der Cocktails vom Vortag waren in den Gläsern festgetrocknet und ließen sich nur schwer entfernen. Hinzu kamen die Spuren der Lippenstifte. Mit kaltem Wasser war das gar nicht so einfach.
Eiswürfel wurden angeliefert. Der Bierwagen kam und brachte frische Getränke. Nok war beschäftigt. Dann kamen die ersten Kolleginnen. Ein neuer Tag, der Barbetrieb konnte beginnen.

Dann sah sie ihn. Dieser Tag war ein guter Tag!
Wie schon am Vortag ging er langsam die Barstraße hinunter in Richtung ihrer Bar. Er würde kommen, bestimmt. Sie wollte rufen, beherrschte sich jedoch im letzten Augenblick. Dann sah sie sie, ihr Herz wollte stehenbleiben. Neben ihm ging eine hübsche junge Frau. Nok mußte ihm zugestehen, Geschmack hatte er. Die beiden gingen nebeneinander, ohne sich anzusehen. Dann bog die fremde Frau nach rechts ab, er ging weiter. Sie gehörten nicht zusammen! Rein zufällig war die fremde Frau ein paar Schritte neben ihm gegangen. Ein Stein fiel ihr vom Herzen.
Er setzte sich an die Bar. Erneut begrüßte sie ihn mit einem Wai.
„Setz Dich zu mir", sagte er. „Was möchtest Du trinken. Heineken?"
Dieser Tag war ein guter Tag!
„Nein, kein Heineken, Orangensaft. Ich trinke eigentlich keinen Alkohol."
Er bestellte: „Ein Singha - Bier und einen Orangensaft."
„Aber gestern hast Du doch auch Bier getrunken."

„Gestern hatte ich Angst, Du würdest wieder gehen, wenn ich nicht mit Dir trinke."
Ihre Kollegin servierte. Ein schönes Gefühl. Nok saß außerhalb des Gevierts ihrer Bar. Jetzt war sie Gast. Ihre Freundin mußte sie bedienen.
Ihre Freundin stellte ihm eine Flasche Bier hin und gab ihr den Orangensaft.
„Ein Glas", sagte sie zu ihrer Freundin, „wenn dieser Mann kommt, gibst Du ihm ein Glas! Dieser Mann trinkt nicht aus der Flasche!"
„Ich werde es mir merken."
Ihre Freundin brachte ein Glas. Es war voll mit Eiswürfeln. Nok schüttete die Eiswürfel auf die Erde. Helmut trank sein Bier ohne Eis, das glaubte sie zu wissen. Dann schenkte sie ihm ein.
„Schan lu khun tschop fong - Ich weiß, mit Schaum."
„Tschok dii khap"
„Tschok dii kha"
Sie betrachtete seine großen Hände. Sie waren voller Mückenstiche. In ihrer Handtasche hatte sie etwas Tiger - Balm[1]. Damit strich sie seine Hände ein.
„Tiger - Balm hilft etwas" sagte sie.
Sie sah ihn an und lächelte. „Was machen wir, Helmut? Spielen wir ‚Vier gewinnt'?"
Sie hoffte, daß er den gleichen Einsatz vorschlagen würde, wie am Vortag, als er gegen Noi gewonnen hatte. Sie hoffte, er wolle um sie spielen. Dann wäre er ihr erster Freier. Mit ihm schien es nicht so schwer zu sein.
„Spielen wir um Essen. Wenn ich gewinne, lade ich Dich zum Essen ein", antwortete Helmut.
Nok war sich sicher, gegen ihn zu gewinnen. Sie hatte gesehen, wie stümperhaft er gegen Noi gespielt hatte. Daß er letztlich doch gewonnen hatte, war einfach Glück gewesen. Solch einen Spielzug kann man nicht vorausplanen. Trotzdem wollte sie sicher gehen.
„Ich habe kein Geld, Helmut. Wenn ich verliere, kann ich Dich nicht zum Essen einladen."
„OK. Macht nichts."
Sie spielten. Nok gewann, es war, wie sie erwartet hatte, ganz einfach. Er spielte zu schlecht. Sie freute sich, sie gingen Essen.
Er führte sie in ein wunderschönes Restaurant im Nachbarort Kata. Viele Stufen ging's einen Hügel hinauf. Überall waren Blumen. Oben auf dem Hügel war das Restaurant. Von hieraus hatte man eine wunderschöne Aussicht über den Ort.

---

[1] *Tiger - Balm ist eine in Thailand hergestellte Salbe, die verschiedene Kräuter und Menthol enthält. Die Thai schwören auf ihren Tiger - Balm. Er hilft angeblich gegen fast alles, Einbildung tut ein übriges.*

Sie saß neben ihm. Vorsichtig faßte sie seine Hand. Wann würde er sie endlich fragen, ob sie zu ihm ginge? Wenn es schon sein mußte, dann wollte sie es mit ihm tun. Sie sah ihn fragend an. Merkte er denn nicht, was sie wollte?

Sie aßen Langusten. Es war die erste Languste, die sie in ihrem Leben aß. Eigentlich schmeckte sie wie die kleinen Garnelen, nur eben größer und sie waren viel teurer. Helmut streichelte ihre Hand.

„Nok", fragte er leise, „bleibst Du heute Nacht bei mir?"

„Ja."

Hatte sie vorschnell geantwortet? Jetzt bekam sie ein wenig Angst. In wenigen Stunden würde sie das sein, was sie niemals sein wollte. Eine ‚Pujin haa gin' - eine Frau, die Essen sucht - eine Prostituierte.

Sie gingen im Ort spazieren. An vielen Bars ließen sie sich nieder. Jedes Mal tranken sie ein Singha - Bier und einen Orangensaft. Anschließend spielten sie ein ihr unbekanntes Spiel. Er nannte es Minigolf. Das machte viel Spaß.

Bei Einbruch der Dunkelheit gingen sie langsam zu seinem Hotel. Auf dem Weg dahin trafen sie ihre jüngere Schwester.

„Komm nicht zur Bar zurück", sagte ihre Schwester. „Wir sind rausgeflogen."

„Wo wohnen wir denn jetzt?"

„Keine Ahnung, bleibst Du die Nacht bei ihm?"

„Ja."

„Dann hast Du Glück, ich weiß noch nicht, wo ich bleibe. Ich melde mich bei Dir."

Sie waren im Hotel angekommen. Nok hatte Angst. Mehrfach berührte sie das kleine Buddha - Amulett, das sie um den Hals trug. Buddha würde ihr helfen. Hoffentlich!

Eine Freundin hatte ihr einmal geraten:

„Beim ersten Mal ist es besser, wenn Du betrunken bist."

Ja, das wäre bestimmt leichter. Aber wo sollte sie jetzt Alkohol herbekommen.

Doch sie gingen nicht, wie sie befürchtet hatte, in sein Zimmer. Sie setzten sich in ein kleines Restaurant am Swimmingpool. Es war der erste Swimmingpool, den sie im Leben gesehen hatte (außer im Fernsehen). Zu gerne hätte sie dort einmal gebadet.

Die Bedienfrau kam herangeschlurft. Sie betrachtete Nok mit einem neugierigen Blick.

„Ich nenne sie ‚Pujin mai jim'", erklärte Heinz, „weil sie niemals lächelt."

„Ein Singha - Bier und einen Orangensaft", bestellte er.

„Nein, keinen Orangensaft", fuhr Nok dazwischen.

„Was möchtest Du denn?"

„Bier. Bier und Whisky."

„Meinetwegen." Er bestellte.
Sie trank den Whisky in einem Zug, mußte husten und bekam kaum Luft.
„Schmeckt´s?"
„Sehr gut." Sie konnte kaum sprechen.
„Trinkst Du oft Whisky?"
„Jeden Tag", log sie. Sie war auch zu dumm, nicht einmal Whisky trinken konnte sie.
„Gib mir noch einen Whisky", bat sie.
Er bestellte. Diesen Whisky trank sie jetzt langsam und vorsichtig. Dazu Bier. Sie begann, die Wirkung bereits zu spüren. Es wurde alles viel leichter. Sie mußte nur noch ganz viel trinken, dann war alles nicht so schlimm.
Die Bedienfrau sprach Nok an:
„Woher kommst Du? Aus dem Issaan?"
„Ja, aus Udon – thani."
„Laß uns laotisch sprechen, das versteht er nicht." Mit dem Kopf zeigte sie in Helmuts Richtung.
„Wie heißt Du?"
„Nok und Du?"
„Ich heiße Porn. Ich komme auch aus dem Issaan, aus Roi et. Bis vor zwei Tagen hatte Dein Freund noch eine andere Frau. Das solltest Du wissen. Er war oft mit ihr hier essen."
„War sie hübsch?"
„Ja, sehr hübsch, aber ich mochte sie nicht."
„Ich bin nicht hübsch."
„Doch, Du bist hübsch. Sonst würde er nicht mit Dir gehen."
„Meinst Du?" Nok lächelte verlegen.
Porn sah sie an. Die etwas ältere Frau spürte die Angst von Nok.
„Ist es das erste Mal?", fragte Porn.
„Ja, ich habe Angst."
Porn nahm Nok in die Arme und drückte sie an sich.
„Hab keine Angst. Ich glaube, er ist kein schlechter Mann."
Dann lächelte sie Nok zu und ging.
„Nok, trink nicht so viel." Helmut schien besorgt zu sein.
„Bitte, Helmut. Ist nicht teuer."
Helmut bestellte.
Nok ging zur Toilette. Sie war betrunken. Alles drehte sich. Fast wäre sie in den Swimmingpool gefallen.
Als sie zurückkam sprach Porn mit Helmut. Helmut war offensichtlich sehr ärgerlich. Laut sprach er mit der Porn. Warum nur, die Frau war doch sehr nett.
Sie sah, wie Porn die Schultern zuckte und ging. Offensichtlich waren beide verärgert.

„Warum warst Du so grob zu dieser Frau?"
„Sie ist ein Büffel!"
Nok fragte nicht weiter. In ihrem Kopf drehte sich alles. Ihr war schlecht.
„Komm jetzt", sagte er. Er bezahlte. Sie gingen zu seinem Bungalow. Nok schwankte, Helmut stützte sie. Sie hatte Angst. Gleich würde es passieren, sie zitterte.
Im Haus schob Helmut sie in Richtung Badezimmer. Nok verstand. Im Badezimmer zog sie sich aus, duschte und wickelte sich in ein großes Handtuch. So hatten es sie ihre Freundinnen gelehrt. Dann ging sie zurück ins Zimmer. Helmut nahm sie in die Arme. Nok zitterte vor Angst. Jetzt, jetzt gleich würde es geschehen.
Helmut schob sie zum Bett. Er legte sich neben sie. Es war soweit; sie war eine ‚Pujin haa gin' - eine Frau, die Essen sucht - eine Prostituierte.
Er streichelte ihr Gesicht. Dann zog er ihr vorsichtig das Handtuch weg. Er begann, ihren Körper zu streicheln. An mehr konnte sie sich nicht erinnern. Sie mußte eingeschlafen sein. Es war zu viel Alkohol.

Nok erwachte. Wo bin ich? Dieser Raum war fremd. Sie lag in einem großen Bett. Sie lag in den Armen eines Mannes. In Helmuts Armen. Nok blickte an sich herunter, sie war nackt. Sie schämte sich. Schnell zog sie die Decke über sich. Sie schloß die Augen. Sie wollte ihn nicht ansehen. Was dachte dieser Mann wohl von ihr. Sie war eine Prostituierte. Sie schämte sich so sehr, ihr war schlecht.
Hatte er mit ihr geschlafen oder nicht? Sie wußte es nicht. Sie konnte sich an nichts erinnern. Vielleicht war es besser so.
Helmut streichelte ihren Rücken. Das war angenehm. Sie entspannte sich etwas. Langsam zog er ihr die Decke weg. Nackt lag sie vor ihm. Er streichelte ihren Körper - überall.
Buddha darf das nicht mit ansehen, fuhr es ihr durch den Sinn. Das wäre schrecklich. Nok richtete sich auf. Sie nahm das kleine Buddha - Amulett, das sie um den Hals trug, ab. Sie legte es zwischen ihre zusammengelegten Hände. Die Hände führte sie zur Stirn und verbeugte sich. Dann legte sie das Amulett mit dem Kopf nach unten auf den Nachttisch.
Was nun kam, sollte Buddha nicht mit ansehen müssen.
Dann schmiegte sie sich an Helmut. Sie ließ seine Berührungen geschehen und sie empfand sie als angenehm. Es war das erste Mal.

Sie gingen frühstücken. Porn, die Bedienfrau, lächelte sie an. Sie schien zu fragen.
„Ja!" Nok lächelte zurück.
Beim Essen schob Helmut ihr ein paar Geldscheine zu.
„Dein Geld", sagte er.

Ach ja, mein Geld. Sie war jetzt ja eine Prostituierte. Sie steckte das Geld ein, ohne es zu zählen.

Gleich würde sie aufstehen und zur Bar zurückkehren. Nein, sie hatte ja keine Arbeitsstelle mehr. Sie würde eine neue Bar suchen müssen. Das war allerdings nicht schwer. An fast jeder Bar konnte sie arbeiten. Heute Abend schon würde sie wieder an einer Bar stehen und von jetzt an würde sie auf einen Freier warten. Diesen Mann, Helmut, würde sie wohl nie wiedersehen. Vielleicht war es besser so. Ob er wohl wußte, daß er der Erste war? Nein, bestimmt nicht. Dieser Tag war ein schlechter Tag.

Helmut sprach zu ihr. Nok hörte es, aber sie verstand die Worte nicht. Helmut wiederholte.

„Bleibst Du zwei oder drei weitere Tage mit mir zusammen?"

„Ja!" Nok war glücklich. Dieser Tag war ein guter Tag!

Und noch viele gute Tage folgten.

Gemeinsam gingen sie spazieren. Sie hatten viel Spaß zusammen. Sie gingen gemeinsam essen, sie saßen abends an den Bars und tranken ein Singha – Bier, im Glas mit Schaum und einen Orangensaft. Sie machten Unsinn und lachten viel. Nachts schliefen sie zusammen. Das Buddha – Amulett behielt Nok um. Buddha durfte jetzt sehen, daß sie mit Helmut schlief.

Einmal machte Helmut einen Vorschlag:

„Laß uns in den Nachbarort fahren, nach Patong. Ich möchte dort jemanden besuchen."

„Eine Frau?"

„Ja, ein Barmädchen. Ich habe es ihr versprochen."

Nok spürte es. Sie war eifersüchtig, aber sie sagte nichts.

Sie fuhren mit dem Taxi nach Patong. Hier war Nok noch nie gewesen. Bar reihte sich an Bar. Es waren Hunderte. Dazwischen gab es kleine Verkaufsstände, voll gepackt mit Artikeln für die zahlreichen Touristen. Grell geschminkte Transvestiten standen auf der Straße und sprachen die Farangs an. Helmut steuerte zielsicher auf eine der Bars zu. Eins der Barmädchen empfing Helmut herzlich. Nok hingegen warf sie einen bösen Blick zu.

„Das ist Don und das ist Nok", stellte Helmut vor.

Sie setzten sich an die Bar.

„Ein Singha - Bier und einen Orangensaft."

Don servierte. Sie schenkte das Bier ein, im Glas mit Schaum. Don wußte Bescheid.

Nok spürte die giftigen Blicke von Don geradezu. Diese Frau mochte sie nicht. Sie wäre froh, hier nicht sitzen zu müssen. Helmut schien von der feindlichen Atmosphäre jedoch nichts zu spüren.

Dann stand Helmut auf, um zur Toilette zu gehen. Sobald er gegangen war, giftete Don sie an:

„Hau ab hier. Das ist mein Freier!"

„Wieso, ich bin mit Helmut zusammen, ich liebe ihn."

Don lachte. „Du liebst ihn? Mach Dich nicht lächerlich. Verschwinde! Vor ein paar Tagen bin ich noch mit ihm gegangen. Er zahlt recht gut. Glaub nicht, daß ich ihn einer Nutte wie Dir überlasse. Hau ab oder ich verprügele Dich." Nok hatte Angst vor Don. Don war nicht allein, auch ihre Kolleginnen an der Bar blickten Nok feindselig an.

„Ich habe doch nichts schlechtes getan."

„Hau ab oder Du bekommst Schläge. Hau ab, sofort!"

Buddha sei Dank. Helmut kam zurück. Don lächelte ihn freundlich an.

„Noch ein Bier, Helmut?"

„Gern, möchtest Du noch einen Orangensaft?", fragte er Nok.

„Laß uns gehen, bitte!", antworte Nok.

Helmut sah sie erstaunt an. „OK, fahren wir zurück."

Helmut bezahlte. Er verabschiedete sich von Don. Diese warf Nok noch einen giftigen Blick zu. „Verschwinde!", zischte sie leise.

Auf der Rückfahrt im Taxi fragte sie Helmut:

„Warst Du mit dieser Frau zusammen?"

„Ja, ehe ich Dich kennenlernte"

„Sie ist sehr hübsch, nicht wahr?"

„Ja, sie ist hübsch, aber ich mag sie nicht besonders."

„Warum bist Du mit mir hier hingefahren?"

„Ich hatte es Don versprochen. Wenn ich eine neue Freundin hätte, sollte ich sie ihr vorstellen."

„Das verstehe ich nicht. Du stellst mich aus, wie eine Ware? Soll Don begutachten, ob ich für Dich die Richtige bin?"

„Nein, sei mir nicht böse. Es war wohl keine gute Idee, zu ihrer Bar zu fahren. Ich mache so etwas nicht wieder."

„Liebst Du sie?" Nok spürte die Eifersucht in sich.

„Nein, ich liebe sie nicht und ich habe sie auch nie geliebt. Ich habe sie dafür bezahlt, daß sie mit mir schläft. Das ist alles."

„Wie lange wart ihr zusammen?"

„Ein paar Tage."

Er legte den Arm um Nok und küßte sie. Die Welt war wieder in Ordnung.

Die zwei oder drei Tage, von denen Helmut ursprünglich gesprochen hatte, waren längst vorbei. Mehr als zwei Monate waren seit der ersten Nacht vergangen. Nie wieder hatte Helmut Nok bezahlt. Sie verwaltete das Geld von Helmut. Sie bezahlte, wenn sie essen gingen. Sie handelte die Preise mit den Taxifahrern aus. Nein, bezahlt hatte er sie nie wieder. Sie durfte sich

von seinem Geld soviel nehmen, wie sie wollte. Sie nahm nur sehr wenig, für Zigaretten, für ein neues T-Shirt. Es war eine Zeit wie im Paradies.
Doch eines Tages würde dieses schöne Leben zu Ende sein, das wußte Nok. Sie schob diesen Gedanken stets vor sich her, bloß nicht daran denken. Sie liebte ihren Helmut. Noch nie im Leben hatte sie einen Menschen geliebt. Es war das erste Mal.

Und eines Tages war alles vorbei. Ein Anruf aus Deutschland kam.
„Ich muß zurück nach Deutschland."
„Wann?"
„Bald schon, in drei Tagen."
Sie nickte. Sie hatte gewußt, daß diese schöne Zeit irgendwann einmal zu Ende sein würde. Das es so plötzlich kam, war schrecklich.

Der letzte Abend:
Helmut war allein im Ort. Er mußte noch ein paar Einkäufe tätigen. Das erste Mal seit ihrer Beziehung war Nok ein paar Stunden ohne ihren Helmut. Sie hatte Blumen gekauft. Sie begann, den Raum mit den Blumen zu schmücken. Der Radiorecorder spielte ihr Lieblingslied, die Titelmelodie aus dem Film ‚Titanic'. Nok weinte. Unaufhörlich liefen ihr die Tränen über die Wangen. Immer wieder neu spielte sie ihr Lieblingslied ab. Sie entzündete Kerzen und Räucherstäbchen. Dann zog sie sich um. Bald würde Helmut zurück sein. Sie wollte hübsch für ihn sein.
„Morgen, Morgen bin ich allein", schluchzte sie. Dieser Tag war ein schlechter Tag.
Sie hörte ihn kommen. Schnell wischte sie die Tränen weg. Nicht weinen, bloß nicht weinen. Du mußt lächeln."

Helmut betrat den Raum. Er trug viele Tüten und Kartons. Sie lächelte ihn an. Auch Helmut lächelte. Er nahm sie in die Arme. Nok konnte sich nicht beherrschen. Sie weinte hemmungslos. Langsam legte er ihr eine Perlenkette um den Hals. Wie wunderschön, wie oft hatte sie sich diese Kette im Schaufenster des Juweliers angesehen. Wie liebte sie ihren Helmut. Morgen, Morgen würde sie allein sein.
„Ich komme wieder", sagte Helmut. „In sechs Monaten bin ich wieder hier."
Nok konnte es nicht mehr ertragen. Sie warf sich aufs Bett und vergrub ihr Gesicht in den Kissen. Ihr Körper wurde von Weinkrämpfen geschüttelt.
Dieser Tag war ein schlechter Tag, ein ganz schlechter Tag.
Langsam beruhigte sie sich etwas, dann stand sie auf.
Sie kniete sich auf den Boden. Sie nahm ihr Buddha - Amulett von ihrem Hals und legte es, wie sie es schon so oft gemacht hatte, zwischen ihre flach zusammengelegten Hände. Sie führte die Hände zur Stirn. Die Dau-

men lagen an ihrer Nasenwurzel. Sie verneigte sich. Dann küßte sie das Amulett ein letztes Mal. Sie stand auf und legte Helmut ihr geliebtes Buddha - Amulett um den Hals.

„Nein, es ist Deins." Helmut wollte es nicht annehmen. „Du liebst dieses Amulett."

„Ich liebe Dich, nur Dich! Buddha wird Dich beschützen. Buddha wird Dich zu mir zurückbringen."

Nok sah ihren Helmut ernst an.

„Du sollst alles wissen", sagte sie.

„Du weißt, ich bin eine ‚Pujin haa gin' - eine Frau, die Essen sucht - eine Prostituierte. Ich habe für Geld mit einem Mann geschlafen. Mit <u>einem</u> Mann, Helmut, mit Dir. Du warst der Erste. Du wirst auch der einzige bleiben. Ich warte auf Dich. Ich bleibe Dir treu. Schreibe mir oft, ruf mich an. Komm wieder, komm bald wieder. Ich liebe Dich. Ich warte auf Dich."

Beide lagen sich in den Armen und weinten.

Am nächsten Tag begleitete sie ihn zum Flughafen. Das Taxi, das sie zum Flughafen brachte, sollte warten und sie anschließend zu ihrer neuen Arbeitsstelle, eine Bar - ihre Schwester hatte sie besorgt - zurückbringen. Sie sprachen nicht viel auf der Fahrt und auf dem Flughafen.

Dann ging er. Sie sah ihm nach. Ernst winkte er ihr noch einmal zu. Dann war er fort. Nok drehte sich um und ging mit ernstem Gesicht.

Im Taxi sprach sie kein einziges Wort. Sie weinte auch nicht. Die letzten Wochen, die schönsten Wochen ihres Lebens, zogen an ihrem geistigen Auge wie ein Film vorbei. Er war der Erste, das erste Mal.

Erst als sie in der Bar ankam, begann sie zu weinen. Erst leise, kaum hörbar. Dann begann sie laut zu schluchzen. Ihre Kolleginnen bemühten sich um sie. Man gab ihr etwas zu trinken, Whisky. Sie trank. Man gab ihr irgendwelche Tabletten, Nok schluckte sie.

„Er kommt nicht wieder!", sagten ihre Freundinnen. „Sie kommen alle nicht wieder."

„Nein, er kommt wieder!" Nok war verzweifelt.

Langsam beruhigte sie sich.

Still saß sie in einer Ecke der Bar. Niemand achtete mehr auf sie.

Sie sah das Messer liegen. Es wurde zum Schälen und Zerkleinern von Obst genutzt.

Plötzlich hielt sie das Messer in der Hand. Sie war sicher, sie hatte es nicht genommen, oder doch?

Die Musikanlage spielte ihre Lieblingsmelodie ‚Titanic'.

Es tat gar nicht weh. Ganz langsam durchtrennte sie an zwei Stellen ihres Handgelenks die Pulsadern. Zwei kleine rote Springbrunnen entstanden. Nein, es tat wirklich nicht weh. Es war ein angenehmes Gefühl, zu spüren,

wie das warme Blut aus ihrem Handgelenk über ihre Hand floß und zu Boden tropfte.
Nok genoß ihre Lieblingslied, die Titelmelodie von ‚Titanic'.

Oy

*Im Umgang mit Thai haben die Touristen oft den Eindruck, regelrecht aus-
genommen zu werden. Es ist offenbar selbstverständlich, daß der „reiche"
Tourist stets alles bezahlt. Uneingeladene Gäste, die kräftig zulangen, trifft
der Europäer recht häufig.*

Bernd und Michael saßen an einer kleinen Bar im Ort Patong auf der Insel Phuket. Erst am heutigen Morgen waren sie
angekommen. Beide waren ein wenig
müde. Die lange Anreise von Deutschland hatte sie angestrengt. Hinzu kamen
noch sechs Stunden Zeitdifferenz.

„Two Singha - Bier please."
Sie erhielten ihr Bier, kleine Flaschen, in einer Kunststoffumhüllung. Diese
Umhüllung soll das Bier möglichst lange kühl halten.
Bernd und Michael bewohnten einen Doppelbungalow in einer hübschen
Gartenanlage. Ehemals war es wohl ein großer Bungalow gewesen. Durch
eine Trennwand hatte man ihn in zwei kleine Reihenbungalows aufgeteilt.
Jeder besaß jetzt eine eigene Eingangstür.
Hinter dem Doppelhaus befand sich eine große Terrasse, die für beide Bun-
galowhälften gedacht war. Hier wollten sie am nächsten Morgen gemein-
sam frühstücken.
Der Doppelbungalow hatte jedoch einen kleinen Nachteil. Die Trennwand
zwischen den beiden Haushälften war aus Leichtbaumaterial erstellt worden. Man vernahm jedes Geräusch aus dem Nachbarbungalow.
Bernd und Michael störte das nur wenig. Sie waren schon lange Freunde
und hatten nichts voreinander zu verbergen.

Eines der Barmädchen bediente die beiden.
„Darf ich auch ein Bier haben?", fragte sie.
„OK."
„Ein Heineken - Bier?"
„OK, wie heißt Du?"
„Tiap und ihr?"
„Wir sind Bernd und Michael aus Deutschland. Woher kommst Du?"
„Aus Songkla."
„Wo ist das?"

„Im Süden, in der Nähe von Trang."
„Wie, Du kommst nicht aus dem Issaan? Wir dachten, alle Mädchen hier kommen aus dem Issaan."
„Die meisten von uns kommen aus dem Issaan. Ich bin eine Ausnahme, ich komme aus dem Süden."
„Dann sprichst Du sicher auch nicht laotisch, wie die anderen Mädchen?"
„Nein, kein Wort."
„Wie alt bist Du?", fragte Michael.
„19 Jahre", antwortete Tiap.
Die drei saßen zusammen und spielten Karten. Im Laufe des Abends kamen sich Tiap und Michael näher. Es schien sicher, daß Tiap bei Michael die kommende Nacht verbringen würde. Bernd hingegen war bislang noch ohne Begleitung.
„Ich sehe mich einmal an den anderen Bars um", sagte Bernd dann auch, „vielleicht gibt es da ja auch noch hübsche Frauen."
„Wir treffen uns Morgen früh auf unserer Terrasse zum Frühstück."
„Ok, bis dann."
Bernd ging. Auch Michael und Tiap verließen, nachdem Michael 200 Baht (etwa € 5,00) Auslösesumme an den Barbesitzer für Tiap bezahlt hatte, die Bar.
„Wieviel möchtest Du haben?", fragte Michael.
„800 Baht, Ok?" (etwa € 20,00)
„OK."
Die beiden gingen in die Bungalowhälfte von Michael. Nach dem Duschen lagen sie zusammen auf dem Bett. Tiap war ein niedliches Mädchen. Sie sah wirklich hübsch aus.
Gerade, als Michael das Licht löschte, hörten sie, wie Bernd nach Hause kam. Er war offenbar ebenfalls in weiblicher Begleitung. Sie hörten flüsternde Stimmen von der anderen Seite der Trennwand. Es wurde gelacht und gekichert. Dann begann das Bett zu knarren. Das Mädchen bei Bernd stöhnte laut.
„Was macht Bernd mit ihr?" Tiap konnte vor Lachen kaum sprechen. „Er bringt sie bestimmt um."
„Er wird wohl das mit ihr machen, was ich jetzt auch mit Dir machen werde", antwortete Michael und griff nach ihr.
In beiden Bungalows, getrennt lediglich durch die dünne Trennwand, begann ein ausgiebiges Stöhnen. Dann wurde es langsam ruhig. Sie waren eingeschlafen - alle vier.

Michael erwachte am nächsten Morgen als Erster. Es war schon lange hell. Er ging in das Restaurant des Hotels und bestellte das Frühstück. Zwei Mal

Toast mit Ei, Marmelade, Butter und Kaffee und zwei Mal Frühstück „Thai" –
Reissuppe. Man möchte es bitte auf ihrer gemeinsamen Terrasse servieren.
Als Michael zum Bungalow zurückkam, war auch Bernd schon aufgestan-
den. Sie trafen sich auf der Terrasse.
„Na, schien ja eine anstrengende Nacht bei Euch gewesen zu sein." Bernd
grinste.
„Nun, sehr leise wart Ihr ja auch nicht gerade. Wie heißt sie denn?"
„Jing, sie sieht deiner Tiap verdammt ähnlich, ist aber schon etwas älter -
ich schätze sie auf Ende dreißig."
„Wo sind die Frauen eigentlich?"
„Na wo wohl? Hübsch machen, schminken. Jede will doch die Hübscheste
sein, wenn sie sich gleich treffen. Konkurrenzdenken ist das."
Sie lachten.
Das Frühstück wurde serviert.
„Holen wir die Frauen", sagte Bernd.
Beide gingen in ihre Bungalowhälfte, um die jeweilige Begleiterin zum Früh-
stück auf die gemeinsame Terrasse zu bitten.
Auf der Terrasse trafen sich dann die beiden Frauen. Jing, die Ältere und
Tiap, die Jüngere.
Die beiden starrten sich an. Beide sagten kein Wort. Jing war blaß gewor-
den. Tiap hatte die Augen niedergeschlagen und blickte zu Boden.
„Was ist los mit Euch?" Bernd merkte, daß etwas nicht stimmte. „Kennt Ihr
Euch etwa?"
„Ja", sagte Jing, „wir sind Mutter und Tochter."
Dann drehte sie sich um und ging ohne ein weiteres Wort. Ihre Tochter
blickte sie nicht einmal an.
Tiap stand verlegen auf der Terrasse. Sie blickte immer noch zu Boden.
Dann ging auch sie ohne ein Wort.
Bernd und Michael sahen sich betroffen an.
„Dieser Urlaub fängt ja gut an."
„Komm frühstücken. Wir müssen jetzt jeder zwei Portionen essen."
Bernd und Michael trafen die beiden Frauen nie wieder.

Sie durchstreiften den kleinen Ort, tranken das eine oder andere Bier, aßen
zu Mittag und warteten darauf, daß es Abend wurde. Dann saßen sie wieder an einer der zahlreichen Bars, heute allerdings an einer anderen Bar.
„Zwei Bier, bitte."
Ein niedliches Barmädchen servierte und setzte sich zu ihnen. Genauge-
nommen saß sie innen, in der Bar, Bernd und Michael saßen außen. Getrennt waren sie durch das Thekenbrett.
„Wie heißt ihr?", fragte das Barmädchen. Sie sprach sehr gut Englisch.
„Ich heiße Bernd."

Ich heiße Michael und wie heißt Du?"
„Gung."
„Was bedeutet das, Gung?"
„Gung ist eine Garnele."
„Du hast aber einen eigentümlichen Namen, Gung."
„Was bedeutet Bernd?", fragte Gung.
„Keine Ahnung. Ich glaube die meisten Namen in Deutschland haben keine Bedeutung"
„Was bedeutet Michael?", fragte Gung.
„Keine Ahnung, wirklich. Haben alle Namen in Deinem Land eine Bedeutung?"
„Nicht alle, aber sehr viele. Frauen heißen zum Beispiel: Jai - die Große, Lek - die Kleine, Uan - die Dicke, Phom - die Dünne. Dazu viele Namen aus der Tierwelt: Nu - Maus, Krathai - Hase, Nok - Vogel und auch mein Name, Gung."

„Wenn ein Kind einen Namen erhält, zum Beispiel Uan - die Dicke, dann wissen die Eltern doch noch gar nicht, ob das Mädchen später einmal dick sein wird. Vielleicht ist sie später ganz dünn?"
„Ja, das gibt es sehr oft. Jai - die Große ist ganz klein und Phom - die Dünne ist ganz fett." Gung lachte.
„Seht einmal die dort", sie deutete auf eine Ihrer Kolleginnen, „sie heißt Oy."
„Was bedeutet das?"
„Wenn man einem Europäer einen Eimer eiskaltes Wasser über den Kopf schüttet, wir tun das zum Songkran - Fest, was sagt der dann? Er sagt „'Aaaaa!'".
Wenn Du einer Thailänderin einen Eimer Wasser über den Kopf schüttest, so sagt diese ‚Oy'."
Gung lachte, und lachend erklärte sie weiter.
„Nicht nur mit dem Wasser ist es so. Auch beim Sex. Die Europäer sagen ‚Aaaa - aaaa - aaaa!'. Wir Thai sagen dann ‚Oy - oyy - ooyyy!'" Gung schüttelte sich vor Lachen.
Auch Bernd und Michael mußten bei dieser Vorstellung lachen.
„Deine Kollegin heißt wirklich Oy?", fragte Michael.
„Ja, bestimmt, paßt auf."
„Oy, ma nii! - Oy, komm her!", rief Gung.
Die Angesprochene kam und setzte sich im Innern der Bar neben ihre Kollegin.
„Wie heißt Du?" Michael konnte es sich nicht verkneifen, sie zu fragen.
„Oy und Du?"
Alle lachten. Oy verstand allerdings nicht, warum diese lachten. Sie schien ein wenig verwundert.

„Ich heiße Michael und das ist Bernd", stellte Michael vor.
„Aus welchem Land kommt Ihr?"
„Aus Deutschland."
„Aus Bavaria?"
„Nein, aus Norddeutschland."
„Kenne ich nicht, ist das bei Bavaria?"
„Wollen wir spielen?" Oy holte, ohne eine Antwort abzuwarten, ein Würfelspiel.
Sie spielten. Sie bildeten Mannschaften. Thailand gegen Deutschland. Die beiden Mädchen hatten ihre helle Freude daran, wenn sie gewannen. Verloren sie, waren sie ein wenig bedrückt. Sie nahmen das Spiel offenbar sehr ernst.
Alle tranken viel. Gegen Mitternacht forderten Michael und Bernd die beiden Mädchen auf, mit ihnen zu gehen. Die Mädchen willigten ein. Bernd bezahlte die Auslösesumme von 400 Baht (etwa € 10,00) - 200 Baht für jedes der Mädchen - an den Barbesitzer. Die Bezahlung der Mädchen mußten sie mit ihnen selbst aushandeln.
Dann gingen sie, Michael mit Oy und Bernd mit Gung in ihre jeweiligen Bungalowhälften.
Wie schon in der vorherigen Nacht waren die Geräusche vom Nachbarraum erneut unüberhörbar.
„Siang krang - Stöhnen" - Michael lernte eine neue thailändische Vokabel.
Das Frühstück am nächsten Morgen verlief harmonischer, als das vom Vortag.
Es war sogar richtig lustig. Die beiden Mädchen, sie waren gute Freundinnen, waren zu allen Späßen aufgelegt. Heute erklärten sie Oy auch, warum sie am Vortag über ihren Namen gelacht hatten.
Oy war kein bißchen beleidigt. Sie lachte mit und fand es selbst recht lustig.
„Ihr habt mich letzte Nacht sehr oft gerufen", erklärte Oy dann auch lachend, „Gung hat immer ,Oy - oyy – oyyy' gerufen." Oy amüsierte sich.
Der Tag fing gut an und er blieb auch gut.
Gemeinsam, zu viert, gingen sie im Ort spazieren. Die beiden Mädchen kannten sich gut aus und betrachteten sich als Fremdenführer.
Sie besuchten den kleinen Tempel, wanderten auf schmalen Pfaden durch das Dickicht, standen bei Sonnenuntergang auf einer Klippe hoch über dem Meer und beobachteten, wie die Sonne ins Meer tauchte. Einige Minuten schien der ganze Himmel zu brennen. Helle Flammen loderten von der Stelle, wo die Sonne im Meer versunken war.

Die vier kamen sehr gut miteinander aus. Sicher lag es zu einem großen Teil an Oy, die immer gute Laune hatte und zu allen Späßen bereit war. Oy war den ganzen Tag gut aufgelegt und immer am Lachen.

Abends saßen die vier dann auf der Gemeinschaftsterrasse ihres Doppel-
bungalows.
Hier aßen sie zu Abend, sie tranken Bier und spielten Karten bis spät in die
Nacht.
Anschließend lauschten sie den Geräuschen der jeweils anderen Bungalowhälfte. Sie lachten, klopften an die Trennwand und machten Witze über
die Geräusche des anderen Paars.

Zehn Tage blieben sie zusammen, dann mußten sie sich trennen:
Bernd fuhr weiter nach Malaysia, Michael blieb noch auf Phuket. Erst in
Deutschland wollten sich die beiden wieder treffen.
Sie brachten Bernd zum Flughafen, um sich von ihm zu verabschieden.
Gung weinte, sie mochte Bernd, oder hatte sie sich gar in ihn verliebt?

Michael fuhr mit den beiden Mädchen zurück in den Doppelbungalow. Sie
saßen auf der Terrasse. Die eine Doppelhaushälfte war jetzt unbewohnt.
„Gung, was wirst Du jetzt machen?", fragte Michael.
„Was soll ich schon machen", antwortete Gung. „Ich werde wieder an der
Bar arbeiten." Sie war wirklich traurig.
„Du wirst mit anderen Touristen gehen?"
„Ja, ich mache es nicht gerne, aber ich brauche das Geld."
Oy sagte nichts, sie machte ausnahmsweise auch keine Späße.
„Besuch mich Mal an der Bar", sagte Gung. Dann stand sie auf und ging.

Oy und Michael saßen allein auf der Terrasse. Sie sprachen nicht viel.
Jeder hing seinen eigenen Gedanken nach. Es war schon dunkel geworden.
„Ich möchte hier nicht mehr wohnen", sagte Oy plötzlich. „Morgen ziehen
andere Leute in die andere Bungalowhälfte ein. Ich möchte nicht, daß die
uns nachts hören."
„Ja, ich habe auch keine Lust, mit ihnen die Terrasse zu teilen. Wir sollten
umziehen. Kennst Du ein nettes Hotel hier?"
Oy überlegte. Sie nannte ein paar Namen, erklärte die Vorzüge oder Nach-
teile der Hotels. Michael hörte jedoch nur mit halbem Ohr hin. Er hatte be-
reits eine andere Idee.
„Du hast mir einmal erzählt, Du wohnst in einem eigenen kleinen Bungalow.
Könnten wir dort nicht zusammenleben?"
Oy sah ihn erstaunt an.
„Das ist nur ein ganz kleiner Bungalow. Ich habe kein Badezimmer, wie Du
hier. Ich habe auch kaum eine Einrichtung, ich schlafe auf dem Fußboden."
„Das macht mir nichts aus."

„Ok, morgen gehen wir zu meiner Wohnung. Du siehst sie Dir an und wenn Du es wirklich möchtest, kannst Du dort wohnen."
Nach dem Frühstück, am nächsten Morgen, gingen sie los. Oy führte ihn die Straße entlang, sie verließen den kleinen Ort. Dann bogen sie von der Straße ab, gingen einen kleinen Weg entlang. Es ging durch einen kleinen Wald, aber nicht weit.
Der Weg endete auf einem runden Platz. Ringsum war der Platz von den Bäumen des Waldes umgeben. Sechs kleine Bungalows befanden sich am äußeren Rand des Platzes, alle mit der Rückseite zum Wald.
Der zweite dieser Bungalows war der von Oy. Sie öffnete die Tür und zog ihre Schuhe aus. Michael folgte ihrem Beispiel. Barfuß betraten sie den Bungalow.
Es war, wie Oy gesagt hatte:
Der Bungalow bestand eigentlich aus nur einem großen Raum. Mit dünnen Wänden hatte man ihn in drei Räume aufgeteilt.
Im ersten Raum lag eine Binsenmatte auf dem Boden. Daneben stand ein großer Ventilator. Das war alles.
Der zweite Raum war das Schlafzimmer. Eine alte Matratze lag auf dem Boden. An einer Wand stand ein Kleiderständer, behängt mit unterschiedlichen Kleidungsstücken.
Der dritte Raum war wohl die Küche. Er war der kleinste der Räume. Auf dem Boden stand ein Holzkohlenbecken, mit einem großen Topf darauf. Daneben lagen einige Kellen, Löffel, Gabeln und Messer. Auch einige Trinkbecher und eine Pfanne standen dort. An der Wand befand sich ein kleiner Schrank. Die Türen und Wände dieses Schranks waren mit Fliegengitter bespannt. Es war wohl der Vorratsschrank.
Von diesem Raum, der Küche, führte eine weitere Tür nach draußen, hinter das Haus, zum Wald hin.
Hier stand eine kleine Bretterbude, die Toilette. Ein einfaches Loch im Boden. Dort hatte man sich hinzuhocken. Daneben befanden sich ein großes und ein kleines Wasserbecken, jeweils mit Schöpfkellen darin.
Es war schon ein wenig abenteuerlich.
„OK, mir gefällt's hier." Michael sprach die Wahrheit.
Oy schaute ein wenig ungläubig. Sie nickte. „OK."
„Wieviel möchtest Du haben, pro Tag?"
„Wenn Du mit dem zufrieden bist, kostet Dich das nichts, Du bist mein Gast. Aber, wenn ich nicht in der Bar arbeite, habe ich kein Geld. Du mußt für Essen und Trinken aufkommen. Es ist nicht teuer, wir kochen selbst. Die Zutaten kaufen wir auf dem Markt. Es ist lange nicht so teuer, wie im Hotel."
Sie gingen in Michaels Bungalowanlage zurück. Er kündigte die Räume und sie packten gemeinsame seine Koffer. Dann kehrten sie in das Haus von Oy zurück.

Ein weiteres Mädchen hockte jetzt am Boden. Sie war hochschwanger.
„Das ist Lai", stellte Oy vor.
Lai war aufgestanden und begrüßte Michael mit einem Wai. Die Hände
flach vor der Brust zusammengelegt, verbeugte sie sich lächelnd.
„Lai bekommt bald ein Baby. Sie hat keine Wohnung und kein Geld. Ich
habe sie bei mir aufgenommen, sie tat mir leid. Sie wird Dich nicht stören.
Wenn Du es möchtest, schläft sie vor dem Haus."
„Auf gar keinen Fall!" Michael war geradezu entrüstet.
„OK, dann schläft sie im ersten Raum, unserem Wohnzimmer. Wir beide
schlafen im Schlafzimmer. Lai wird uns bei vielen Dingen helfen. Sie kann
Deine Wäsche waschen und bügeln."
Zu Lai sagte Oy: „Du darfst weiterhin im Haus wohnen. Er ist nett, nicht
wahr?"
Lai bedankte sich bei Michael erneut mit einem Wai. Dann wollte sie Micha-
el den schweren Koffer abnehmen, um ihn in das Schlafzimmer zu tragen.
Das ließ Michael natürlich nicht zu.
Michael inspizierte die Umgebung:
Die sechs Häuser waren im Kreis um den freien Platz gebaut. Im Innern die-
ses Kreises entstand somit eine Art Innenhof. Einige Kinder und auch zwei
Frauen hockten hier. Sie betrachteten Michael neugierig, sagten jedoch
nichts.
Nur wenige Meter hinter den Häusern begann der Wald. Er schien undurch-
dringlich zu sein. Michael hatte doch ein eigentümliches Gefühl. Welches
Getier mochte wohl hier leben.
Oy trat aus dem Haus und kam auf Michael zu.
„Na, gefällt es Dir hier?"
„Sehr gut."
„Komm, ich stelle Dich den Nachbarn vor."
Sie gingen von Haus zu Haus. Oy öffnete die Türen, ohne anzuklopfen, je-
doch nie, ohne vorher die Schuhe auszuziehen.
In allen fünf Häusern wurden sie freudig begrüßt. Überall bekamen sie eine
Kleinigkeit zu essen angeboten oder ein Getränk serviert. Die Leute waren
äußerst freundlich.
Als sie zu ihrem Bungalow zurückkamen, war Lai gerade damit beschäftigt,
Michaels Kleidung zu waschen. Sie hatte seinen Koffer geleert und wusch
einfach alles, auch die Hemden, die ungetragen und frisch zusammengefal-
tet gewesen waren. Alles war naß. Heute konnte Michael sich nicht mehr
umziehen.
„Lai ist ein armes Mädchen", erzählte Oy. „Sie war sehr dumm. Lai stammt
aus dem Issaan. Früher war sie einmal verheiratet. Sie hat ein Kind, welches bei Ihrer älteren Schwester lebt. Lai arbeitete, ehe sie schwanger wurde, an einer Bar. Das Geld, das sie anschaffte, sandte sie ihrer Schwester.

Dann lernte Lai einen Mann kennen, einen Deutschen, wie Du einer bist. Sie ging mit dem Mann. Er belog sie, er sagte, er liebe sie. Lai war dumm, sie glaubte dem Mann. Sie schlief mit ihm ohne Kondom, der Mann wollte es so.

Lai wurde schwanger. Der Mann ist längst wieder nach Deutschland zurückgekehrt. Anfangs schrieb er ihr noch ein paar Briefe. Er komme bald zurück, hatte er geschrieben.

Dann schrieb ihm Lai, daß sie schwanger sei. Seitdem hat sie keinen Brief mehr von ihm bekommen. Lai hat sehr oft geschrieben, doch er antwortet nicht mehr. Bald hat Lai zwei Kinder, für die sie sorgen muß. Lai ist sehr dumm gewesen."

„Sie tut mir leid."

„Ja, die Frauen in Thailand haben es nicht leicht. Komm, wir sollten zum Markt fahren und das Abendessen einkaufen."

Einer der Nachbarn hatte ein Auto. Er brachte sie zum Markt. Auch er selbst half mit beim Kaufen der Lebensmittel.

Michael wurde schwindelig. Was wurde hier alles gekauft und in den Wagen geladen. Etliche Kohlköpfe, viele Gurken, Unmengen von Tomaten, Obst und Gemüse. Dazu viel Fleisch: Huhn, Schwein, Fische, Krebse und Rind. Wer sollte das bloß alles essen und, was schwerer wog: Wer sollte das alles bezahlen?

Das Bezahlen war glücklicherweise nicht so schlimm, wie Michael anfangs befürchtet hatte. Die Waren auf dem Markt waren recht preiswert. Trotzdem kam so einiges zusammen.

Sicher haben sie für eine ganze Woche im Voraus eingekauft. Auch gut, dann müssen wir nicht jeden Tag zum Markt.

Zurück im Bungalow von Oy begannen die beiden Frauen zu kochen. Töpfe und Pfannen wurden von den Nachbarn ausgeliehen. Etwa zwanzig verschiedene Gerichte entstanden. Michael verstand die Welt nicht mehr, sagte jedoch nichts.

Die Speisen wurden auf den zwischen den Häusern gelegenen Innenhof getragen. Hier hatte man bereits Binsenmatten ausgelegt. Auf die Binsenmatten wurde das Essen gestellt. Alle Nachbarn, Männer, Frauen und Kinder hockten sich um das Essen und langten kräftig zu. Auch dem Bier, das Michael gekauft hatte, wurde kräftig zugesprochen.

Nein, so hatte Michael sich das Leben hier nicht vorgestellt. Er wollte nicht ein kleines Dorf ernähren.

Alle Nachbarn waren fröhlich und zufrieden. Wiederholt klopften sie Michael anerkennend auf die Schulter. Lange, es war schon nach Mitternacht, wurde im Innenhof gefeiert. Solange, bis das Bier alle war. Dann gingen sie, nach einem Dank an den Spender, in ihre Bungalows zurück.

Oy und Lai hatten nun die Mühe, die Unmengen von Töpfen, Tellern, Gläser usw. zu spülen. Danach räumten sie ihre Küche auf.

Am nächsten Morgen saß Michael auf einer Matte in Innenhof und las ein Buch. Einer der Nachbarn, er hatte in der letzten Nacht kräftig dem Bier zugesprochen, sprach ihn an.

„Heute Abend sollten wir etwas mehr Bier haben", sagte er. „Auch Zigaretten wären nicht schlecht."

Er sah Michaels wütenden Blick.

„Ist nicht teuer", sagte er. „Ich besorge Dir alles ganz billig. Gib mir Geld, ich kaufe für Dich ein."

„Nein!" Michaels Stimme war schneidend geworden. Er ging ins Haus.

„Oy!"

Sie kam sofort. Am Tonfall seiner Stimme hatte sie gemerkt, daß etwas nicht in Ordnung war.

„Was ist?"

„Ich ziehe ins Hotel!"

„Dir gefällt meine Wohnung also doch nicht. Ok, ich kann es gut verstehen. Oder stört es Dich, daß Lai hier wohnt?"

„Nein, Himmel noch einmal. Mir gefällt hier alles in Deinem Haus. Was mir nicht gefällt sind Deine Nachbarn, die Schmarotzer."

Oy verstand.

„Sie haben sich selbst eingeladen. Ich kann nicht nein sagen. Ich bin ja nur eine Frau. Ich darf nicht widersprechen, wenn Männer etwas verlangen."

„Seid Ihr alle verrückt hier? Wieso darfst Du nicht widersprechen? Weil Du eine Frau bist?"

Michael war wütend, seine Stimme war laut. Oy kroch sichtlich in sich zusammen. Sie schien Angst zu haben.

„Ich bin ein Mann!", erklärte Michael immer noch aufgebracht. „Ich kann widersprechen. Wir kaufen neues Essen. Für Dich, für Lai und für mich. Der Rest geht leer aus."

Oy nickte ergeben.

Zu dritt, Oy, Lai und Michael, fuhren sie zum Markt. Sie bemühten den Nachbarn nicht, sie nahmen ein Taxi. Hier kauften sie die Vorräte für drei Personen, für etwa zwei Tage ein. Dazu einen weiteren Topf und zwei Teller. Es war nicht teuer. Sie kauften Bier, Cola und auch Zigaretten.

Am späten Nachmittag begannen die beiden Frauen zu kochen. Das Essen sah gut aus und duftete würzig. Michael lief das Wasser im Munde zusammen. Mit einer Flasche Bier setzte er sich vor seinen Bungalow. Er beobachtete das Leben seiner Nachbarn, das sich ebenfalls weitgehend vor den Häusern abspielte.

Lai kam und rollte eine Binsenmatte auf dem Boden vor der Hütte aus. Oy brachte die Speisen.

Sie saßen zu dritt um die Speisen auf der Binsenmatte. Es schmeckte vorzüglich. Michael schenkte drei Gläser Bier ein.
Auch die Nachbarn saßen essend vor ihren Häusern.

Eine Nachbarin kam schräg über den Innenhof zu ihnen. Sie verbeugte sich und stellte ihnen schweigend einen Teller mit gebratenem Gemüse hin. Sie entfernte sich.
Michael wußte nicht, was er sagen oder wie er sich verhalten sollte. Damit hatte er nicht gerechnet. Fragend sah er zu Oy. Die schien ihn nicht zu sehen. Sie reagierte nicht, sie aß.
Ein weiterer Nachbar kam. Drei Gläser hatte er in der Hand. Cola, mit einem Schuß Mekong - Whisky. Schweigend stellte er die Gläser auf die Binsenmatte und ging.
Der nächste Nachbar kam, stellte etwas Eßbares auf die Binsenmatte und ging schweigend. Alle kamen und brachten etwas.
Nach kurzer Zeit hatten sie die gesamte Binsenmatte voller Speisen und Getränke. Es gab keinen freien Platz mehr. Wer sollte das nur alles essen.
Verzweifelt fragte Michael: „Oy, was ist los, habe ich so viel falsch gemacht?"
„Männer machen keine Fehler." Oy lächelte. „Paß auf!"
„Manii mot thuk khon! - kommt alle her!", rief Oy laut.
Sie kamen alle, alle Nachbarn, Männer, Frauen und Kinder. Sie hatten ihre Binsenmatten mitgebracht, die sie ausbreiteten. Sie brachten weitere Speisen und Getränke und Zigaretten.
Sie saßen in einem großen Kreis vor Oy´s Haus. Sie feierten erneut bis spät in die Nacht. Es wurde gegessen, geschwatzt und gesungen. Es war eine schöne Nacht.
Von jetzt an wurde Michael als ein neuer Nachbar akzeptiert. Es kam niemand mehr zum Schnorren.
Alle Nachbarn lebten freundlich und friedlich zusammen, unterstützten und halfen sich gegenseitig. Wenn jemand etwas Schmackhaftes gekocht hatte, ließ man die Nachbarn probieren, aber man wurde nicht ausgenommen.
Sowohl Oy als auch die Nachbarn brachten von Zeit zu Zeit Kostproben der von ihnen zubereiteten Speisen. Man hatte sich arrangiert.
Aber Oy hatte sich verändert. Sie war nicht mehr Bargirl. Sie war wieder Hausfrau geworden, eine sehr gute Hausfrau. Sie kochte, Oy konnte sehr gut kochen, sie half Lai bei der Wäsche, sie pflegte die gemeinsame Wohnung. Sie redete Michael schon seit Tagen mit ‚Khon rak' - Schatz oder Liebling an.
Aber Oy hatte sich auch in anderer Hinsicht verändert.
Früher war Oy ganztägig am Lachen. Immer hatte sie dummes Zeug im Sinn, dauernd machte sie irgendwelche Späße.

Jetzt war Oy ernst und besonnen geworden. Sie sprach vernünftig. Sie lächelte immer noch, sie war nicht unfreundlich, aber sie war nachdenklich geworden.
Michael verbrachte schöne Wochen im Haus von Oy. Je näher der Tag rückte, an dem Michael zurückfahren mußte, um so nachdenklicher wurde Oy.
Michael fragte sie nach dem Grund.
„Mir geht es ähnlich, wie Lai", sagte Oy. „Auch ich habe ein schweres Leben. Auch ich war einmal verheiratet. Ich hatte bereits zwei Kinder und wurde erneut schwanger - Zwillinge, sagte der Arzt. Mein Ehemann schlug mich, er trat mich, er trat mir in den Bauch. Die ungeborenen Kinder starben.
Ich trennte mich von meinem Mann. Meine beiden verbliebenen Kinder leben jetzt bei meiner jüngeren Schwester. Ich muß Geld verdienen. Das Geld sende ich meiner Schwester.
Wenn Du gegangen bist, werde ich erneut an der Bar arbeiten. Ich werde Bier verkaufen und mit den Gästen scherzen - und ich werde mit ihnen gehen, ich brauche das Geld.
Vor kurzer Zeit dachte ich, dieses schreckliche Barleben hätte ein Ende. Ich dachte, wir könnten zusammen hier in meinem kleinen Haus leben. Ich habe inzwischen eingesehen, das wird nicht möglich sein."
Michael war sehr nachdenklich geworden. Er liebte Oy inzwischen.
Mehrfach sprach Oy dieses Thema an. Sie schien zu leiden. Dann, am Vorabend von Michaels Abreise küßte sie ihn und sagte:
„Ich habe es mir lange überlegt. Ich werde nicht mehr an der Bar arbeiten. Ich will nicht mehr mit fremden Männern für Geld schlafen. Du kannst Dir nicht vorstellen, wie schrecklich es ist - wenn ein alter Knacker meine Brüste streicheln und versucht, mich zu küssen; dann muß ich lächeln und ihm erzählen, daß mich noch nie ein Mann so erregt hat, wie er. Der alte Knacker glaubt das dann, so etwas wollen sie hören.
Nein, ich arbeite nicht mehr an der Bar. Wenn Du fährst, fahre ich auch. Schon Übermorgen fahre ich nach Hause, zu meinen Kindern. Ich werde in meinem Dorf Arbeit finden. Ich werde auf den Reisfeldern arbeiten. 100 Baht kann ich am Tag verdienen. Das ist nicht viel, es muß reichen. Ich möchte wieder ein richtiges Leben führen, ein Leben wie früher, als ich noch glücklich war."
Michael nahm sie in die Arme. „Das ist ein guter Entschluß. In einem Jahr komme ich zurück nach Thailand. Wirst Du dann bei mir sein?"
„Ja, ich werde auf Dich warten. Schreibst Du mir?"
„Ja, bestimmt, ganz oft."

Am nächsten Tag flog Michael nach Hause. Mittags sollte sein Flugzeug von Phuket nach Bangkok fliegen. Dort hatte er einen längeren Aufenthalt. Abends ging's dann weiter nach Frankfurt. Eine lange Reise.
Oy brachte ihn zum Flughafen. Michael gab sein Gepäck auf. Dann lag sie weinend in seinen Armen.
„Ich warte auf Dich", schluchzte sie.
„Ich komme bald wieder!"
„Morgen fahre ich nach Hause, nie wieder werde ich an einer Bar arbeiten. Ich bin jetzt eine anständige Frau."
Michael ging durch die Absperrung. Ein letztes Mal winkten sie sich zu, dann verloren sie sich aus den Augen.
Michael saß im Warteraum des Gates. Noch war er nicht eingestiegen. Noch hatten sie kein „Boarding".
Warum fliege ich überhaupt, fragte sich Michael. „Ich habe noch zwei Wochen Urlaub. Zu Hause in Deutschland wartet niemand auf mich. Warum fliege ich überhaupt?"
Er ging zum Abfertigungsschalter.
„Ich fliege nicht", sagte Michael. „Es ist etwas Wichtiges dazwischengekommen, ich kann nicht fliegen."
„Ihr Gepäck ist bereits verladen", sagte die junge Dame. „Wenn Sie nicht fliegen, fliegt Ihr Gepäck allein nach Deutschland. Sie müssen fliegen."
„Ich kann nicht fliegen, wir haben einen plötzlichen Todesfall in der Familie. Ich muß hierbleiben."
Die junge Dame sah ihn zweifelnd an. Dann telefonierte Sie.
„Sie fliegen bis Bangkok", sagte sie. „Dort wird man versuchen, Ihre Gepäckstücke zu finden und Ihnen aushändigen. Von Bangkok fliegen Sie dann mit der nächsten Maschine wieder zurück nach Phuket. Diesen Flug müssen Sie natürlich separat bezahlen. Mehr kann ich für Sie nicht tun."

Michael flog nach Bangkok. Direkt am Flugzeug wurde er von einer freundlichen Bediensteten der Fluggesellschaft in Empfang genommen. Zusammen gingen sie zur Gepäckausgabe. Tatsächlich wurden nach kurzer Zeit Michaels Koffer angeliefert.
Michael kaufte ein neues Ticket für den Rückflug nach Phuket. Abends, gegen 19:00 Uhr, war er wieder in Phuket, im Ort Karon. Das Taxi brachte ihn direkt zum Bungalow von Oy.

Oy war nicht zu Hause. Michael stellte seine Koffer bei einem der Nachbarn unter und ließ sich vom Taxi zu der Bar von Oy und Gung bringen.
Er sah Oy schon von weitem. Wie angewurzelt blieb er stehen.
Sie saß neben einem Europäer. Ihre Hand hatte sie auf seinen Oberschenkel gelegt. Der Europäer legte seinen Arm um Oy und küßte sie. Oy ließ es

geschehen, dann bezahlte der Mann. Gemeinsam, Hand in Hand, verließen sie die Bar. Michael wußte, wohin sie gingen; sie gingen in das Hotel des Mannes.

Sie kamen direkt auf Michael zu. Er wollte sich verstecken, doch er blieb stehen. Oy blickte hoch und erkannte Michael. Sie zuckte zusammen. Sie ließ die Hand des Fremden los. Fassungslos blieb sie stehen. Mit weiten Augen sah sie Michael an.
„Michael", hauchte sie.
Der Fremde ergriff ihre Hand, um sie weiter zu ziehen.
„Komm", sagte er, „zwei Stunden sind nicht lange. Ich habe Dich für zwei Stunden bezahlt. Komm jetzt."
„Ich brauchte das Geld", flüsterte Oy, als sie an Michael vorbeistolperte. „Versteh mich bitte!"
Michael sah ihr nach. Nein, er verstand sie nicht.

Niiphaa

Diese Geschichte ist in sich abgeschlossen. Trotzdem ist sie als Fortsetzung der beiden Erzählungen „Das Buddha - Amulett" und 'Titanic' zu sehen.

Sie hieß Nok. Sie hockte am Boden vor der Feuerstelle und kochte. Einen Tisch, um das Essen zuzubereiten, hatte sie nicht, aber das machte ihr nichts aus, sie war es so gewohnt.
Heute hatte Nok viel Arbeit. Der Mann, bei dem sie lebte, er hieß Klaus, hatte heute Geburtstag. Viele Gäste erwartete er, einige waren bereits da. Farangs - Europäer, teilweise mit ihren thailändischen Freundinnen, manche auch allein.
Eigentlich kochte Nok gern. Früher einmal war sie Köchin gewesen. Beim Kochen konnte Nok ihren Gedanken nachhängen. Beim Kochen überdachte sie ihr bisheriges Leben. Dieses Nachdenken war angenehm, ihr bisheriges Leben nicht.
Wie war sie hierhergekommen, hierher nach Phuket? Wie kam sie in dieses Haus? Und wo war er, der einzige Mann, den sie liebte, Helmut. Er hatte sie längst vergessen. Warum nur?
Etwa ein halbes Jahr war es her. Sie schlief mit diesem Mann für Geld. Nok war ein Bargirl, sie war eine Prostituierte. Sie wollte keine Prostituierte sein, sie mußte es. Die finanzielle Not zwang sie dazu.
Ja, vor einem halben Jahr schlief sie mit Helmut für Geld. Er war ihr erster Kunde gewesen. Nok verliebte sich in Helmut. Nur für die erste Nacht hatte sie Geld genommen. Danach begann ihre große Liebe, ihre erste und bisher einzige Liebe. Mehr als zwei Monate blieb sie mit Helmut zusammen. Sie liebten sich innig.
„Warte auf mich", hatte er gesagt, als er gehen mußte.
„Ja", sagte sie, „ich warte auf Dich. Ich muß in der Bar arbeiten, ich muß Geld verdienen. Aber ich gehe mit keinem Mann, ich warte auf Dich."
Sie hatte ihr Buddha - Amulett vom Hals genommen, sich ein letztes Mal davor verneigt und es geküßt. Dann hatte sie es Helmut um den Hals gelegt.
„Buddha wird Dich beschützen", hatte sie ihm ins Ohr geflüstert.
Sie brachte ihn zum Flughafen.
Als sie dann in ihre Bar zurückkehrte, wollte sie nicht mehr leben.

„Er kommt nicht zurück", lachten ihre Freundinnen, „sie kommen alle nicht wieder! Er vergißt Dich!"
Sie schnitt sich die Pulsadern auf, aber sie wurde gerettet. Zwei große Narben an ihrem linken Handgelenk zeugen von diesem schrecklichen Tag. Eine große Hilfe in dieser schweren Zeit war eine Frau, die Helmut ‚Pujin mai jim' (die Frau, die niemals lächelt) getauft hatte. Helmut mochte ‚Pujin mai jim' nicht besonders. Sie war als Bedienung im Restaurant des Hotels angestellt, in dem sie mit Helmut damals gewohnt hatte. Diese Frau besuchte sie jetzt fast täglich. Sie tröstete Nok immer wieder. ‚Pujin mai jim', tatsächlich hieß sie Porn, war die einzige, die ihr Mut zusprach.
„Er ist ein guter Mann", sagte sie. „Wenn er ein guter Mann ist, kommt er auch wieder zurück."
‚Pujin mai jim' und Nok wurden sehr gute Freundinnen. Aber Nok begann, den anderen Mädchen zu glauben.
„Er kommt nicht zurück!" Immer wieder hatten ihre Freundinnen ihr das eingehämmert. Ihre Freundinnen wußten das, hatten sie doch selbst viele der Fremden als Freunde gehabt.
„Er wird Dir vielleicht noch zwei oder drei Mal schreiben. Dann hört auch das auf. Er kommt nicht wieder!"
„Er wird mich anrufen!", hatte sie trotzig entgegnet, „Ich habe ihm die Telefonnummer vom Handy des Barbesitzers gegeben."
„Warte es ab."
Ihre Freundinnen behielten recht. Nicht ein einziges Mal hatte Helmut angerufen. Nicht einen einzigen Brief hatte er geschrieben. Sechs Briefe hatte sie an Helmut geschrieben. Der Barbesitzer selbst hatte sie mitgenommen und zur Post gebracht.
„Antworte doch bitte!", hatte Nok geschrieben, „Ich liebe Dich doch!"
Er antwortete nicht. Ihre Freundinnen hatten Recht. Er kommt nicht wieder. Nur ‚Pujin mai jim' wandte ein:
„Vielleicht kann er sich aus irgendeinem Grund nicht melden. So etwas gibt es."
Nok glaubte ihr nicht mehr. Sie glaubte ihren anderen Freundinnen. Sie brauchte auf Helmut nicht mehr zu warten. Er würde nie zurückkommen. Das wußte sie ganz sicher. Aber warum nur, er liebet sie doch, er hatte es ihr doch versprochen. Helmut war ein Lügner, wie alle Farang.

Nok nahm eine Arbeitsstelle an. Sie arbeitete jetzt an einer Karaoke-Bar. Hier begann Nok, mit den Touristen zu gehen. Sie schlief mit ihnen für Geld. Sie war eine Prostituierte. Es war egal, sie hatte ja niemanden mehr, den sie lieben konnte, oder jemanden, der sie liebte. Alles war egal.

Oft ging sie mit den Männern. Wenn sie eine kleine Summe Geld zusammen hatte, schickte sie es ihrer Mutter, die für ihre beiden Kinder sorgte. Nok selbst brauchte nur sehr wenig.

Eines Tages dann ging sie mit Klaus. Klaus hatte sie für eine Nacht bezahlt. Klaus war ein Deutscher, genau wie ihr geliebter Helmut. Er war eigentlich kein Tourist, er lebte auf Phuket. Er besaß hier ein eigenes Haus.

Nach ein paar Tagen holte Klaus sie erneut für eine Nacht und dann ein drittes Mal. Drei Nächte verbrachte sie mit ihm. Dann machte er ihr einen Vorschlag.

„Hör auf mit der Arbeit an der Bar", sagte Klaus. „Du brauchst nicht mit den Gästen zu gehen. Du kommst zu mir, hältst mein Haus rein, kochst mein Essen und wäscht meine Wäsche. Ich zahle Dir ein Gehalt."

Ja, das war besser. Sie überlegte nicht lange, sie sagte zu.

Sie kündigte ihre Stellung an der Bar und zog zu Klaus. Sie arbeitete fleißig. Sie arbeitete gern. Natürlich mußte sie auch mit ihm schlafen - ohne Extrabezahlung.

Was soll's, dachte Nok. Sie hatte eine feste Arbeit.

Natürlich wußte sie, daß Klaus auch mit anderen Frauen schlief. Es machte ihr nichts aus, sie liebte ihn ja nicht.

Hielt sie Klaus anfangs für recht nett, änderte sich ihre Meinung jedoch sehr bald. Klaus trank viel. Sehr oft war betrunken. Wenn er betrunken war, schlug er sie, grundlos. Oft wollte sie davonlaufen. Aber wohin? Er würde sie finden und erneut schlagen. Nok hatte Angst vor Klaus.

Heute hatte Klaus Geburtstag. Nok hockte vor der Feuerstelle und kochte das Essen für Klaus und die vielen Gäste. Klaus saß mit seinen Gästen vor dem Haus. Sie hörte sie lachen, alle waren lustig, sie hatten Spaß. Nok mußte arbeiten.

„Nok, bring neues Bier!", rief Klaus.

Nok gehorchte, sie brachte kühles Bier nach draußen und kehrte sofort wieder an ihre Feuerstelle zurück.

Sie hörte ein Moped kommen.

Neue Gäste, dachte Nok.

Nein, es waren keine neuen Gäste. Es war ihre Freundin Lin, die an der gleichen Karaoke - Bar arbeitete, an der Nok früher auch gearbeitet hatte.

„Er ist da", flüstertet Lin ihr ins Ohr.

„Wer?"

„Helmut! Dein Helmut! Er sitzt in der Bar und fragt nach Dir."

Alle Farbe wich aus Nok´s Gesicht. Helmut war zurückgekommen. Sie glaubte, keine Luft zu kriegen. Sie mußte zu ihm. Schnell, ganz schnell. Sie begann zu zittern. Sie hatte sich kaum noch in der Gewalt.

„Bleib ruhig", flüsterte Lin, „Klaus darf nichts merken."

„Nok!", rief Klaus, „Schick Deine dumme Freundin weg. Du hast keine Zeit
zu schwatzen. Du mußt arbeiten, wir haben viele Gäste. Schick sie weg!"
„Fahr zu ihm", flüsterte Nok aufgeregt, „er soll auf mich warten. Bitte fahr
ganz schnell! Helmut darf nicht fortgehen!"
Nok mußte Ruhe bewahren, sie mußte sich zwingen. Klaus durfte nichts
merken. Sie mußte noch etwas warten, bis sie sich ein wenig beruhigt hatte.
Dann ging sie - ganz langsam. Ihr Herz klopfte.
„Ich gehe Eis holen", sage sie so unauffällig wie möglich, „wir haben kein
Eis mehr."
Klaus nickte gleichgültig.
Langsam ging sie die Straße hinunter. Als sie außer Sichtweite des Hauses
war, begann Nok zu laufen. Bald sah sie die Bar, aber sie sah Helmut nicht.
Zweifel stiegen in ihr auf. Hatte Lin sich geirrt? War es etwa gar nicht
Helmut oder war er schon wieder gegangen?

Dann sah sie ihn. Ja, er war es. Er saß an einem Tisch im hinteren, etwas
dunkleren Teil der Bar. Er trank Bier. Singha - Bier, wie er es immer getan
hatte, er trank es aus einem Glas mit Schaum.
Nok überquerte die Straße, wäre fast vor ein Auto gelaufen und dann lag
sie in seinen Armen.
„Helmut!" Nok weinte.
„Nok, kleine Nok! Ich liebe Dich"
Dieser Tag war gut.
Weg, nur weg hier!, dachte sie. Was ist, wenn Klaus sie suchte. Das Essen
auf der Feuerstelle war sicher verbrannt. Klaus war bestimmt wütend.
Außerdem war er bereits betrunken, er würde sie schlagen. Er durfte Nok
keinesfalls finden.
„Laß uns gehen, Helmut. Bitte! Ich weiß ein kleines Restaurant, wo wir allein
sind. Es ist nicht weit von hier."
Sie gingen, wie früher Hand in Hand, zu dem kleinen Restaurant.
Sie saßen sich gegenüber. Immer wieder mußte sie ihn ansehen. Freuden-
tränen rannen über ihre Wangen. Ihr Helmut war zurückgekehrt.
„Trägst Du die Perlenkette nicht mehr, die ich Dir zum Abschied geschenkt
habe?", fragte Helmut.
Unwillkürlich griff sie sich an den Hals. Die Perlenkette, sie hatte sie verges-
sen. Sie lag neben ihrem Bett im Haus von Klaus.
„Ich habe sie verloren", log sie.
Helmut nestelte an seinem Hemd herum. Dann nahm er etwas von seinem
Hals. Ein ‚Luang phoo khun', ein Buddha - Amulett.
„Kennst Du das?", fragte er. „Du hast es mir gegeben, an dem Tag vor mei-
ner Abreise nach Deutschland. Er sollte mich beschützen, hast Du damals

gesagt. Es hat mich beschützt und es hat mich wieder hierher geführt, zurück zu Dir."

Nok weinte. Sie sah es wieder, ihr Luang phoo khun. Aber wie hatte es sich verändert. Es war so wunderschön geworden und es hing jetzt an einer goldenen Kette.

„Ich habe es vergolden lassen", sagte Helmut. „Dann hat es der Goldschmied mit einem silbernen Reif umfaßt und eine Öse angebracht. Gefällt es Dir?"

„Ja, es ist wunderschön."

„Ich möchte, daß Du es wieder zurücknimmst. Es ist dein Luang phoo khun. Es erinnert Dich an Dein früheres Leben im Kloster. Nimm es bitte wieder. Ich habe es ein halbes Jahr lang getragen, jeden Tag. Ich möchte, daß Du es wieder trägst und nie wieder ablegst."

Er legte ihr die goldene Kette mit dem Amulett um den Hals. Nok war glücklich. Sie hatte das schönste Luang phoo khun aller Mädchen in Thailand.

„Warum hast Du nicht geschrieben, Helmut?"

„Ich habe geschrieben! Viele Briefe."

„Ich habe keinen erhalten."

„Das verstehe ich nicht. Ich habe auch oft telefoniert. Hat man es Dir nicht gesagt?"

„Nein."

„Ich habe mit dem Barbesitzer gesprochen." Helmut schluckte. „Jedes Mal sagte er mir, Du seiest mit einem Mann gegangen. Aber ich habe Dir Grüße ausrichten lassen. Ich war traurig, Du hattest doch versprochen, es nicht zu tun."

„Ich bin mit niemanden gegangen", log sie.

„Er hat mir keine Grüße ausgerichtet." (Das war wahr).

Ein Verdacht kann ihr.

„Hast Du meine Briefe erhalten?"

„Nein, keinen einzigen."

Nok hatte verstanden: Der Barbesitzer hatte die Briefe von Helmut abgefangen und vernichtet. Die Briefe, die sie Helmut geschrieben und dem Barbesitzer gegeben hatte, hatte er niemals abgeschickt.

Helmut hatte telefoniert. Oft, wie Helmut sagte. Ihr hatte man nichts davon gesagt.

„Einmal, als ich mit dem Barbesitzer sprach, glaubte ich im Hintergrund Deine Stimme gehört zu haben. Ich fragte ihn. ‚Das ist eine andere', sagte der Barbesitzer. Und weiter sagte er, Du seiest mit einem anderen Mann gegangen. ‚Nok möchte nicht mehr, daß Du immer anrufst. Sie hat andere Männer, sie braucht Dich nicht!'"

Nock war blaß geworden. Sie hatte verstanden. Helmut hatte auf sie gewartet. Sie hingegen hatte auf ihre Freundinnen gehört. „Er kommt nie zurück", hatten ihre Freundinnen gesagt.
Sie war mit anderen Männern gegangen. Sie hatte für Geld mit ihnen geschlafen. Sie hatte nicht auf Helmut gewartet. Das darf er nie erfahren, durchfuhr es sie. Niemals!
„Ich habe auf Dich gewartet", sagte sie leise und unsicher.
„Danke, ich wußte es."
Erneut traten ihr Tränen in die Augen. Sie war ein schlechter Mensch, jetzt hatte sie ihren Helmut belogen.
„Warum weinst Du, Liebes?"
„Ich freu mich so", sagte sie verlegen.
Helmut lächelte glücklich.
„Gehen wir?"
„Ja."
Sie gingen in sein Hotel. Nok zog ihn auf's Bett. Sie wollte mit ihm schlafen. Sie brauchte es, sie brauchte es jetzt.

Sie gingen in dem kleinen Ort spazieren. Alles war so, wie früher. Nein, nicht alles. Nok hatte ein schlechtes Gewissen. Aber das, was sie getan hatte, konnte sie ihrem Geliebten niemals sagen. Sie liebte ihn doch so sehr.
Am Abend saßen sie in dem hübschen Restaurant, in dem er sie vor langer Zeit gefragt hatte:
„Nok, bleibst Du über Nacht bei mir?".
„Ja!", hatte sie damals spontan geantwortet.
Wie lange war das jetzt schon her. Was hatte sich alles ereignet. Was hatte sie nur getan. Was gäbe sie nicht alles dafür, das Vergangene ungeschehen zu machen.
„Ich will weg hier, Geliebter."
„Wohin?"
„Nach Hause, in den Issaan, zu meiner Familie. Ich will nicht mehr in Phuket bleiben!"
„Gut, fliegen wir! Morgen kaufen wir die Flugkarten."
Fliegen! Sie war noch nie geflogen. Sie war so glücklich. Sie liebte ihn.
Er sah sie lange an und sagte nichts. Helmut's prüfender Blick war ihr unbehaglich. Sie schlug die Augen nieder.
„Sechs Monate sind eine lange Zeit", sagte Helmut. „Die ganze Zeit hast Du auf mich gewartet. Du hast gewartet, obwohl Du keine Post von mir erhalten hattest. Auch telefonieren konnten wir nicht zusammen. Sicher hast Du oft gedacht, daß ich Dich vergessen hätte. Du bist eine gute Frau!"
Nok war elend zumute.

Und dann, ihr blieb fast das Herz stehen, ergriff Helmut ihre Hand.
„Willst Du mich heiraten?"
„Ja!"
Er durfte nie erfahren, was sie getan hatte. Aber von jetzt an hatte sie ein Leben lang Zeit, alles wieder gutzumachen. Sie würde eine gute Ehefrau sein, die Beste, die Allerbeste! Sie liebte ihn. Für ihn wäre sie gestorben.

Am nächsten Morgen frühstückten sie zusammen. Es war wie früher. Gemeinsam gingen sie, Hand in Hand, in den Ort. Dort kauften sie Flugkarten. Bereits in der nächsten Woche würden sie in den Issaan fliegen. Nächste Woche waren sie bereits zu Hause.
Nok würde ihre Familie treffen und ihren künftigen Ehemann vorstellen. Sie freute sich so sehr. Das schreckliche Leben hier in Phuket hatte endlich ein Ende.
Gemeinsam gingen sie in die Karaoke - Bar, in der sie früher gearbeitet hatte. Nok wollte sich von ihren Freundinnen verabschieden. Auf dem Wege dorthin kaufte sie Helmut ein neues Hemd. Seine Hemden waren immer so schnell durchgeschwitzt.
Sie saßen in der Karaoke - Bar. Außer ihnen waren noch keine anderen Gäste da. Es war ja erst später Vormittag. Helmut trank ein Bier, Nok einen Orangensaft, genauso, wie früher. Sein helles Hemd war völlig durchnäßt.
„Zieh das neue Hemd an. Meine Freundinnen sollen sehen, wie gut Du aussiehst."
Das neue Hemd paßte ausgezeichnet.
„Du bist so lieb", sagte er.
„Tschok dii kha - zum Wohl!"
„Tschok dii khap - zum Wohl!"
Sie stießen an. Er mit Bier, sie mit Orangensaft.
„Ich liebe Dich."
Abrupt stand Nok auf, um zur Toilette zu gehen. Helmut grinste. „Die hat' s aber eilig, heute Morgen."
Ja, Nok hatte es eilig, sehr eilig. Sie hatte ihn gesehen - Klaus! Er kam die Straße hinunter, direkt auf die Karaoke - Bar zu. Jetzt war alles zu Ende. Vielleicht würde er vorbei gehen, wenn er sie nicht sah. Schnell weg hier, zur Toilette.
Aber Klaus ging nicht vorbei. Er setzte sich auf einen der Barhocker, nicht weit von Helmut entfernt und bestellte ein Bier. Eines der Bargirls kam zu Helmut und nahm das noch halbvolle Glas von Nok weg. Helmut guckte erstaunt.
„Sie will es nicht mehr", sagte das Barmädchen.
Helmut betrachtete den neuen Gast und spürte, wie auch der ihn musterte.

Ein unangenehmer Typ, dachte Helmut.
Wirre fettige Haare klebten an seinem Kopf. Tätowierte Oberarme, ein schmutziges und eingerissenen T - Shirt. Außerdem schien er bereits betrunken zu sein. Es war erst Vormittag.
„Hast Du hier einen europäischen Mann mit einer Thaifrau gesehen?", fragte der unangenehme Typ (er sprach englisch).
„Nein."
„Das verstehe ich nicht, ich bin sicher, sie gesehen zu haben."
„Du siehst selbst, hier ist niemand sonst."
„Woher kommst Du?"
„Aus Deutschland."
„Ich auch, da können wir ja deutsch sprechen."
„Wie heißt Du?"
„Klaus und Du?"
„Helmut"
Eine Gesprächspause entstand. Helmut bestellte ein weiteres Bier. Wo Nok nur blieb.
„Ich möchte wissen, wo die beiden geblieben sind?", begann Klaus das Gespräch erneut.
„Warum suchst Du die beiden eigentlich?"
„Der Kerl hat mir meine Maus ausgespannt. Es war gestern. Sie war am Essen kochen. Sie sagte, sie ginge nur eben kurz Eis holen. Sie kam nicht zurück."
„Du bist sicher, daß sie einen anderen hat?"
„Ja, ein Freund von mir hat sie zusammen gesehen. Und ich bin auch sicher, die beiden gerade eben ebenfalls gesehen zu haben. Sie gingen hier hinein."
„Hier ist niemand, Du siehst es selbst. Warum suchst Du diese Frau so krampfhaft. Hier gibt es doch genug andere Frauen. Du brauchst doch nur zu fragen, jede geht mit Dir."
„Sie hat mit mir gelebt, meinen Haushalt geführt, meine Wäsche gewaschen und mein Essen gekocht. Zusätzlich hatte ich abends was nettes im Bett. Das alles für einen Hungerlohn. So etwas lasse ich doch nicht einfach laufen. Ich prügele sie halb tot, wenn ich diese Nutte finde!"
„Nutte? Ein Barmädchen also."
„Ja, aber das sind sie ja alle hier. Sie war einige Monate anschaffen, ehe sie mich traf."
Helmut nickte.
Eins der Bargirls kam und hockte sich zu Helmut Füßen. Sie legte ihren Kopf an Helmut Oberschenkel. Sie begann seine Beine zu streicheln.
„Du hast aber einen guten Draht zu den Mäusen hier", grinste Klaus

Das Mädchen war Helmut lästig. Unwirsch schob er die Hand der Kleinen von seinem Schenkel. Sie schien nicht zu verstehen, sie griff nach seiner Hand. Was würde Nok denken, wenn sie zurückkam und das fremde Mädchen so sah. Wo blieb Nok überhaupt so lange?
Das Mädchen hatte Helmut Hand ergriffen. Sie versuchte die Finger seiner Hand zu öffnen. Sie sah ihn bittend an und nickte ihm zu. Sie wollte ihm offenbar etwas geben. Er öffnete seine bislang zur Faust geballten Hand. Sie schob ihm ein Stück Papier zu. Dann stand sie auf und verschwand. Vorsichtig, mit nur einer Hand, entfaltete Helmut das kleine Blatt.
„Sprich mit diesem Mann nicht über Nok!", stand darauf.

Helmut glaubte keine Luft mehr zu bekommen. Er hatte begriffen. Das Mädchen, von dem dieser unangenehme Mann sprach, war Nok, seine geliebte Nok.
Klaus hatte Helmut und Nok von weitem in die Bar gehen sehen. In der Bar hatte Helmut das Hemd gewechselt. Statt eines weißen Hemdes trug er jetzt ein rotes. Außerdem war Nok nicht bei ihm. Deshalb hatte vorhin das Barmädchen das Glas von Nok weggenommen. Klaus sollte es nicht sehen. Seine geliebte Nok war eine Prostituierte. Nok lebte mit diesem Proleten zusammen. Gleich würde Helmut sich übergeben müssen.
Ruhig bleiben, dachte er, ganz ruhig.
„Liebst Du sie?", fragte Helmut so ruhig es ging. Seine Hände zitterten.
„Lieben? Eine Nutte? Du spinnst!"
Helmut verstand.
„Wie lange bist Du schon mit Nok zusammen?", fragte Helmut. Zu spät erkannte er seinen Fehler.
„Wieso kennst Du ihren Namen?" Jetzt begriff auch Klaus. „Du bist es also, wo ist sie?"
„Auf der Toilette."
„Die ganze Zeit?" Klaus grinste. „Sie hat Angst vor mir! Das ist gut so. Ich schlage ihr das hübsche Gesicht in Fetzen."
„Faßt Du sie an, hast Du ein Problem mit mir! Das verspreche ich Dir!", zischte Helmut.
Helmut war keinesfalls ein Schwächling. Durch regelmäßigen Sport war er geradezu fit. Angst hatte Helmut auch nicht.
Klaus schien zu überlegen.
Sie warteten. Irgendwann würde Nok zurückkommen müssen. Die beiden Männer sprachen nicht mehr miteinander. Sie tranken Bier und warteten auf Nok.
Nok hatte aufgegeben. Sie kam von der Toilette zurück. Scheu und ängstlich blickte sie zu Klaus. Sie schmiegte sich an Helmut.
„Ich habe Angst vor diesem Mann."

„Komm hier her!", befahl Klaus.

Nok kam nicht. Sie klammerte sich an Helmut. Sie weinte.

„Sie liebt Dich!", lachte Klaus. „Die Nutte liebt Dich!" Klaus schien sich köstlich zu amüsieren.

„Bist Du etwa dieser einfältige Freier aus Deutschland, der sie das erste Mal gebumst hat? Sie erzählt allen Leuten von Dir. Ich freue mich, daß ich Dich endlich einmal kennenlerne."

Klaus überlegte:

„Du kannst sie haben, ich schenke sie Dir. Dann hast Du abends etwas nettes im Bett, sie ist sehr fleißig, aber das weißt Du ja sicher selbst, alle wissen es hier.

Aber eines solltest Du noch wissen, ehe Du deinen Schatz mit nach Hause nimmst. Sie ist keine Barnutte, wie viele andere Mädchen hier, die eine, zwei oder drei Wochen mit einem Touristen gehen.

Nein, Deine Kleine macht es stundenweise. Mit jedem, der sie haben will. Für Geld macht sie alles. Alles!" Klaus lachte schallend.

„Wie lange hat sie bei Dir gelebt?", fragte Helmut.

„Etwa einen Monat. Ich hatte viel Spaß an ihr. Aber das wird sie Dir sicher gerne selbst erzählen."

„Laß uns gehen", flüsterte Nok Helmut zu, „ich habe Angst vor ihm."

Von dem Gespräch zwischen Helmut und Klaus hatte Nok kein Wort verstanden, aber sie wußte, um was es gegangen war.

Helmut wußte alles. Alles!

Dann stand Klaus auf und ging.

Auch Helmut stand auf und bezahlte. Er ging. Nok trottete hinter ihm her. Dieses Mal gingen sie nicht Hand in Hand. Nok blieb immer eine Schritt hinter Helmut. Sie sprachen kein Wort miteinander.

Helmut steuerte das Restaurant an, in dem sie am Vortag gesessen hatten. Er bestellte ein Bier und einen Orangensaft.

Erneut saßen sie sich gegenüber. Am selben Tisch. Nok schaute Helmut traurig an.

„Hier hast Du mich gestern belogen!"

Nok begann zu weinen. Laut schluchzend legte sie ihren Kopf auf die Tischplatte.

„Ich liebe Dich!", brachte sie mühsam hervor.

„Nutte!"

Nok nickte. „Ja, aber ich liebe Dich!"

„Ich glaube Dir kein Wort!" Seine Stimme war schneidend. Mehr sagte er nicht. Nok weinte leise vor sich hin.

„Zahlen!"

Helmut bezahlte die Rechnung. Er stand auf. Auch Nok stand auf, sie wollte mit ihm gehen. Er blickte sie böse an. Sie verstand und setzte sich wieder. Helmut ging allein.

Noch etwa eine halbe Stunde saß Nok allein weinend am Tisch. Niemand beachtete sie. Sie wußte, sie hatte Helmut endgültig verloren. Dann stand sie auf und ging langsam zur Karaoke - Bar, ihrer ehemaligen Arbeitsstelle. Wohin sollte sie sonst auch gehen. Sie hatte keine Wohnung, besaß nur das, was sie auf dem Leib trug. Ihre Sachen waren im Haus von Klaus. Dorthin jedoch würde sie niemals wieder gehen. Niemals in Leben!
In der Bar setzte sie sich auf einen Hocker und bestellte ein Bier.
„Kann ich hier wieder arbeiten?"
„Ja, Du warst recht gut früher. Ab heute Abend?"
„Ja."
Nok begann zu trinken. Sie weinte. Ihre Freundinnen versuchten sie zu trösten.
„Du schneidest Dir nicht wieder die Pulsadern auf?"
„Nein, bestimmt nicht."
Sie hatte ihn verloren, endgültig. Es war ihre Schuld. Daß sie eine ‚Pujin haa gin' (wörtl. „Eine Frau, die Essen sucht" - eine Prostituierte) geworden war, schien Helmut ihr verzeihen zu können. Ihre Lügen jedoch nicht. Helmut war ein guter Mann, sie liebte ihn. Alles war allein ihre Schuld.

Abends begann Nok erneut ihre Arbeit an der Karaoke - Bar. Sie bediente die Gäste. Sie versuchte zu lächeln.
„Du warst schon lange nicht mehr hier", sagte ein Gast. Sie kannte ihn.
„Spielst Du mit mir?"
Sie setzte sich zu ihm.
„Was möchtest Du trinken?"
„Ein Heineken - Bier."
Sie versuchte zu lächeln. Dazu war sie schließlich hier angestellt. Sie sollte die Gäste erheitern. Bewußt lachte sie oft und laut. Man durfte ihr ihren Kummer nicht anmerken.
„Gehst Du mit mir?"
„Nein!"
„Warum nicht? Ich bezahle Dich gut. Wieviel willst Du?"
„Ich gehe nicht mit Dir!"
Er schüttelte den Kopf und fragte ein anderes Mädchen. Sie ging mit ihm.

Als Helmut das Restaurant verlassen hatte, nahm er ein Taxi und fuhr in sein Hotel. Er warf sich auf's Bett.

Vergiß sie, vergiß sie ganz schnell, war sein einziger Gedanke. Nicht an sie denken, bloß nicht an sie denken!

Es ging nicht. Immer wieder kehrten seine Gedanken zu ihr zurück. Sie hatte ihn betrogen. Sie war ein Bargirl, das für Geld mit Männern schlief. Wie oft wohl schon? Nicht daran denken, bloß nicht daran denken.

Schlimmer, sie war kein gewöhnliches Barmädchen, wie die meisten hier. Nok verbrachte nicht den gesamten Urlaub eines Touristen mit ihm. Nein, Nok konnte man stundenweise mieten. Schrecklich. Er hatte sie heiraten wollen. Er hatte ihren Lügen geglaubt. Er war ihr treu geblieben, sie nicht. Sie hatte gelogen. Wie konnte sie nur mit diesem Proleten zusammenleben. Er verstand die Welt nicht mehr. Seine Nok, seine geliebte Nok. Nicht mehr daran denken, bloß nicht mehr daran denken. Ich muß mich ablenken, nicht mehr an sie denken.

Er zog sich an und ging in eine der zahlreichen Bars. In dieser Bar war er noch nie gewesen. Die Bargirls begrüßten ihn freudig. Ein neuer Gast. Ein zahlungsfähiger Kunde.

Helmut trank viel. Er spielte ‚Vier gewinnt' mit den Bargirls. Eigentlich war er ein sehr guter Spieler. Doch heute verlor er fast jedes Spiel. Er konnte sich nicht konzentrieren. Immer wieder dachte er an Nok.

Er wollte wissen, was Nok getan hatte:

„Gehst Du mit mir?", fragte er eins der Mädchen, „Für eine Stunde?"

Sie nickte. Sie nahm ihre Handtasche, faßte seine Hand und ging mit ihm die Straße entlang zum Hotel. Er stellte sich vor, so war seine Nok mit den vielen anderen Männern gegangen. Helmut wollte sich quälen, er wollte es selbst erleben, wie Nok es getan hatte.

In Hotelzimmer ging die Kleine, ohne daß er sie auffordern mußte, ins Badezimmer. Er hörte Wasser rauschen. So hatte seine Nok es also getan. Die Kleine kam zurück. Sie hatte sich ausgezogen und in ein Handtuch gewickelt. Ohne etwas zu sagen legte sie sich auf das Bett. Er legte sich neben sie. Er begann, sie zu streicheln. Er zog ihr das Handtuch weg und betrachtete sie. Sie war Nok sehr ähnlich. Hatte er sich unbewußt für ein Mädchen entschieden, welches Nok so ähnlich war? Sie spreizte die Beine und zog ihn auf sich.

„Komm", sagte sie, „eine Stunde ist nicht lange."

So, genau so hatte Nok es sicher getan - oft, sehr oft.

Er konnte es nicht. Immer dachte er an seine geliebte Nok - was sie jetzt wohl machte. Er glaubte es zu wissen.

„Was ist los?", fragte das Mädchen, „Magst Du mich nicht?"

„Doch, Du bist hübsch."

„Denkst Du jetzt an eine andere?"

„Ja?"

„Liebst Du sie?"

„Ja."

„Warum hast Du mich genommen, wenn Du sie liebst?"

„Ich weiß es nicht. Erzähl mir von Dir. Warum tust Du so etwas"

„Ich mache es nicht gerne, ich muß."

„Wirst Du gezwungen, geschlagen?"

„Nein, ich werde nicht gezwungen. Meine Familie ist arm, wir haben kein Geld. Ich habe drei Kinder und keinen Mann. Wenn ich nicht arbeite, wie soll ich die Kleider für die Kinder kaufen. Das Geld, was ich hier verdiene, schicke ich nach Hause. Von dem Geld kauft meine Mutter Lebensmittel und Kleidung. Wir sind eine große Familie."

„Woher kommst Du?"

„Aus dem Issaan. Aus Nong - khai"

"Wie lange bist Du schon hier?"

„Etwa ein Jahr. Ich habe meine Kinder schon so lange nicht mehr gesehen."
Sie begann zu weinen. Er streichelte sie. Sie tat ihm leid.

„Gibt es denn keine andere Arbeit für Dich?"

„Nein, ich habe alles versucht. Ich kann nicht lesen und nicht schreiben. Englisch spreche ich nur ein ganz bißchen. Was man an der Bar so lernt. Ich bin keine gute Frau!
Komm jetzt. Die Stunde, die Du mich gemietet hast, ist bald um."

„Ich kann nicht mit Dir schlafen. Bist Du mir böse?"

„Nein, Du liebst eine andere Frau. Warum bist Du nicht bei ihr? Hat sie etwas Schlimmes getan?"

„Ja!"

„Hat sie das gleiche getan, was ich jetzt mache? Hat sie mit Männern geschlafen, für Geld?"

„Ja."

„Liebt sie Dich?"

„Ja."

„Verzeih ihr. Ich denke, sie ist eine gute Frau."
Er streichelte ihre Wange. „Zieh Dich an, wir gehen."
Helmut ging zur Bar von Nok zurück. Er hoffte, sie war hier. Wenn sie hier nicht war, war sie zu Klaus zurückgekehrt. Er hatte Angst, sie nicht an der Bar vorzufinden. Er war bereit, ihr zu verzeihen. Verzeihen unter der Vorraussetzung, daß sie ihm alles erzählte. Er meinte, ein Recht darauf zu haben, alles zu wissen.
Er blieb stehen. Von hier aus konnte er die kleine Bar überblicken. Ihn würde man von dort aus jedoch nicht sehen können.
Dann sah er sie, seine Nok. Sie lächelte, als wäre nichts geschehen. Sie bediente einen Gast. Sie setzte sich zu ihm. Sie spielten ‚Vier gewinnt.' Die

beiden lachten. Der Gast bestellte ein Bier für Nok. Sie nahm es. Sie stießen an.

Früher hatte Nok nie Bier getrunken. Sie hatte ihn offensichtlich schon vergessen. Nur wenige Stunden war es her, daß sie sich getrennt hatten. Er wußte, gleich würde der Gast fragen, ob sie mit ihm gehen würde. Sie würde mit ihm gehen. Sie war eine ‚Pujin haa gin', eine Frau, die Essen sucht, eine Nutte.

Helmut kehrte zurück in sein Hotel. Allein. Wäre er bloß in Deutschland geblieben, er hatte sich so auf diesen Urlaub gefreut.

Etwa eine Woche war vergangen. Helmut hatte sich wieder ein wenig besser in der Gewalt. Er dachte nicht mehr ständig an Nok. Er wußte, es war vorbei. Er hatte keine neue Freundin. Allein ging er spazieren. Vielleicht wäre es gut, ein paar Tage nach Bangkok zu fahren.

Heute war er früh aufgestanden. Er hatte keinen Grund, früh aufzustehen, doch weil er früh schlafen ging, war er auch zeitig wach. Er würde auf den Markt gehen. Er wollte nichts kaufen. Es gefiel ihm auf den thailändischen Märkten. Gern beobachtete er das bunte Treiben hier. Er mischte sich unter die Leute, wollte einer von ihnen sein.

Er hatte Durst, wollte etwas trinken. An einem Stand gab's grüne Kokosnüsse. „Maprao on" heißen sie. Das Wasser einer Kokosnuß ist sehr erfrischend.

„Koh maprao on nung luuk kap - Bitte eine Kokosnuß."

„Pööd lä düün tinii mai - Soll ich sie öffnen, trinkst Du sie gleich hier?"

„Khapphom - Ja, danke."

Eine alte Frau öffnete mit einem kleinen Beil die Kokosnuß und steckte einen Trinkhalm in die Öffnung. Sie reichte sie ihm. Helmut blieb an dem Stand stehen und trank langsam den kühlen Saft. Er beobachtete das Treiben auf dem Markt. An einem Stand hinter ihm hörte er drei junge Frauen um den Preis einer Ware feilschen. Unwillkürlich hörte er zu. Er zuckte zusammen, die Stimme der einen Frau kannte er. Er fuhr herum. Ja da stand sie. Seine Nok.

„Nok!" Er flüsterte fast

Sie erstarrte in ihrer Bewegung, drehte sich ganz langsam um. Sie konnte es nicht glauben.

„Ich dachte, Du seiest gefahren. Heim, nach Deutschland."

Er lächelte. Sie lag in seinen Armen.

„Helmut", schluchzte sie.

„Geliebte Nok." Die Kokosnuß lag auf der Erde.

Gemeinsam gingen sie Hand in Hand durch den kleinen Ort. In einem Restaurant am Meer aßen sie zu Mittag.

„Erzähl mir", bat Helmut. Und Nok erzählte ihre Geschichte. Sie war ehrlich. Nichts ließ sie aus. Vieles, was sie sagte, warf kein gutes Licht auf sie. Sie vertraute ihm. Sie verschwieg ihm nichts.

„An dem Tag, an dem wir uns trennten, wollte ich mich am Abend mit Dir versöhnen. Ich war an Deiner Karaoke - Bar, beobachtete Dich von weitem. Du spieltest mit einem Mann. Ihr trankt Bier. Du lachtest, schienst zufrieden."

„Ich war unglücklich! Ich mußte lachen, das gehört zu meinem Beruf. Eine Barfrau lächelt immer, auch wenn ihr das Herz bricht."

„Bist Du mit diesem Mann gegangen?"

„Nein, er hat mich gefragt, aber ich habe nein gesagt. Glaub mir, ich belüge Dich nie wieder."

„Ich glaube Dir. Mit wie vielen Männern hast Du geschlafen?"

„Mit vielen, Helmut. Mit zu vielen. Ich habe sie nicht gezählt."

Zwei Tage später flogen sie nach Bangkok. Hier hatten sie zwei Tage Aufenthalt, ehe sie nach Udon - thani weiterflogen.

Sie besichtigten die schönsten Tempel und den Königspalast. Helmut war der Führer. Nok hatte hier zwar lange gelebt, aber sie kannte von Bangkok einfach nichts. Nok war beeindruckt. Wie war Bangkok schön.

„Laß uns in unser Hotel fahren", sagte Helmut am ersten Tag in Bangkok zu ihr. „Ich habe ein schönes Zimmer reservieren lassen."

„Wohin fahren wir?"

„Ins ‚Bajok song' so heißt nämlich das riesige Hotel, von dem Du mir einmal erzählt hast. Von Deiner Arbeitsstelle aus hast Du es Dir jeden Tag angesehen. Du hattest recht, es ist wirklich das höchste Hotel der Welt. Weißt Du noch, Du hast mir einmal gesagt, ‚hier möchte ich einmal eine Nacht wohnen.' Du wohnst dort jetzt zwei Tage und zwei Nächte - mit mir."

Nok umarmte ihn.

„Warum tust Du das nur für mich? Ich bin eine schlechte Frau. Warum tust Du das? Du bist mein Buddha!" Die Tränen standen ihr erneut in den Augen.

„Ich habe eine Bitte, mein Schatz", flüstere Nok.

„Ich glaube, ich kenne Deine Bitte", antwortete Helmut. „Heute Abend werden wir in Deiner früheren Arbeitsstelle, in Deinem Restaurant, essen gehen. Heute Abend bist Du dort Gast. Deine Freunde werden Dich bedienen. War das Deine Bitte?"

„Ja, Du weißt alles von mir."

„Überschwenglich wurden sie in dem kleinen Straßenrestaurant begrüßt. Nok wurde von allen ihrer Freunde umarmt. Es gab so viel zu erzählen.

„Das ist mein Freund, ich liebe ihn", so stellte sie Helmut ihren Freunden vor.

Sie bekamen das beste Essen, das sie sich nur wünschen konnten. Djim sum, eine Art Fondue, dazu Fisch und Som tham, ein höllisch scharfer Papaya - Salat. Man brachte ihnen Chang - Bier, ein gutschmeckendes Bier aus dem Issaan. Beim Abschied hängte man ihnen Blumengirlanden um. Bezahlen durfte Helmut nicht. Ihre Freunde wären beleidigt gewesen.
„Wohin fahrt Ihr?", fragten sie.
„In den Issaan. Nach Hause." Nok war glücklich.

Zwei Tage später waren sie in Udon - Thani. Mit einem Songthaeo ging's weiter in das Dorf von Nok. Nok´s Familie begrüßte die beiden freundlich.

In einem kleinem Tempel in ihrem Dorf kniete Nok vor einer Buddhastatue. Sehr lange bat sie Buddha um Vergebung für das, was sie getan hatte. Helmut stand abseits und beobachtete sie. Er wollte nicht stören.
Nok hielt Räucherstäbchen zwischen ihren zusammengelegten Händen. Ihre Hände zitterten. Tränen liefen über ihre Wangen. Drei Mal verbeugte sie sich vor der Statue und schlug dabei dreimal hart mit ihrer Stirn auf den Steinboden. Helmut zuckte zusammen. Dann endlich stand sie auf und kam zu ihm zurück. Ernst sah sie ihn an. Ihre Stirn war aufgeplatzt. Ein wenig Blut sickerte aus der Wunde.
„Geliebte Nok."
„Nein", lächelte sie, „Nok ist tot. Ein neues Leben hat heute begonnen. Ich habe einen neuen Namen angenommen. Ich heiße **Niiphaa.**"

Ein Interview mit Tom

Dieses Interview mit Tom liest sich recht flüssig. Tatsächlich hat es jedoch sehr lange gedauert. Tom sprach stockend. Sie schämte sich. Oft widerrief sie Dinge, die sie vorher zugegeben hatte, um sie dann doch wieder zu bestätigen. Es hat viel Geduld gekostet, sie immer wieder erneut zu motivieren, über ihr Leben zu sprechen.

Es war gegen 11:00 Uhr, später Vormittag. Es war schon wieder sehr warm und es würde im Laufe des Tages noch sehr viel wärmer werden. Seit etlichen Tagen stiegen die Temperaturen täglich. Die Sonne brannte vom Himmel. Es hatte schon lange nicht mehr geregnet. Der Boden war ausgetrocknet und rissig. Es war windstill, die sonst übliche Briese vom Meer her war schon seit Tagen nicht mehr zu spüren.

Ich saß an einer kleinen Bierbar auf der Insel Phuket. Hier, an dieser Bar, war ich Stammgast. Diese Bar war eine der wenigen, die Chang - Bier ausschenkte. Chang, es kommt aus dem Nord / Osten Thailands - aus dem Issaan, schmeckte mir besser, als das sonst übliche Singha - Bier.

„Gibst Du mir bitte noch ein Chang - Bier, Tom."

„Gern, Andreas. Darf ich auch noch ein Heineken?"

„OK."

Tom servierte.

Ich kannte die Mädchen alle, die an dieser Bar arbeiteten. Alle waren sehr freundlich und aufmerksam. Alle waren sehr hübsch.

Tom war mir jedoch die Liebste. Immer war sie fröhlich, immer lächelte sie. Sie war etwa 23 Jahre alt. Sie hatte hellbraune Haut, was ihr allerdings überhaupt nicht gefiel - sie wäre gern weiß gewesen.

Tom hatte lange schwarze Haare, die glatt über ihren Rücken fielen und fast bis zu ihrem Po reichten. Tom war ziemlich klein und zierlich. Sie trug hautenge Jeans und das Replik eines Marken T-Shirts.

„Du hast mir versprochen, aus Deinem Leben zu erzählen", erinnerte ich sie.

„Ich habe es nicht vergessen, Andreas. Ich weiß, Du schreibst Bücher. Du willst über uns, über die Bargirls schreiben. Alle Leute sollen wissen, was wir Bargirls machen. Ich schäme mich aber, Dir alles zu erzählen. Wenn andere Menschen mein Leben kennen, habe ich mein Gesicht verloren. Dann kann ich nie wieder in mein Dorf zurückkehren."

„Du brauchst keine Angst zu haben. Du erzählst mir aus Deinem Leben. Ich schreibe dann eine Geschichte über Deine Erlebnisse. Natürlich verändere ich Deinen Namen. In meiner Geschichte heißt Du dann vielleicht Uan, oder wie möchtest Du lieber heißen?"

„Uan ist kein schöner Name. Samrak wäre schöner."

„OK, dann nenne ich Dich in meiner Geschichte Samrak."

„Samrak ist besser, aber die Leute werden trotzdem wissen, wer ich in Wirklichkeit bin. Ich habe große Angst, mein Gesicht zu verlieren."

„Niemand wird Dich in meiner Geschichte erkennen, das verspreche ich Dir."

„Wie kannst Du das versprechen, Du kannst es nicht wissen."

„Doch, ich verändere nicht nur Deinen Namen. Ich werde nicht schreiben, daß ich Dich in Phuket getroffen habe. Wir trafen uns in Kho - Samui. Auch Dein Heimatdorf bekommt einen anderen Namen. Es liegt auch nicht mehr in der Nähe von Khon - khaen. Vielleicht schreibe ich, es liegt bei Nong - khai."

„Aber dann stimmt doch alles nicht mehr." Tom zweifelte.

„Doch, alles stimmt. Lediglich Orte und Namen verändere ich. Niemand wird Dich in meiner Geschichte erkennen."

„Vielleicht hast Du ja recht. Aber trotzdem, ich schäme mich auch vor Dir, wenn ich Dir mein Leben erzähle. Du weißt doch, was ich für einen Beruf habe. Ich schlafe mit Touristen, mit Farang, für Geld. Ich muß es tun, aber ich schäme mich sehr."

„Warum mußt Du es tun, wirst Du gezwungen, schlägt man Dich etwa?"

„Nein, ich werde nicht gezwungen, niemand schlägt mich. Jeden Tag kann ich mit dieser Arbeit aufhören, aber ich brauche das Geld."

„Macht Ihr Bargirls für Geld alles?"

„Ich weiß es nicht. Ich tue nicht alles, aber ich glaube, es gibt genügend Mädchen, die alles machen."

„Erzähl mir bitte. Ich verspreche Dir, niemand wird wissen, daß Du es bist, über die ich schreibe."

„Ich habe Angst, ich schäme mich sehr." Tom überlegte.

„Wo soll ich Dir erzählen? Hier an der Bar geht es nicht, alle würden es hören."

„Wieviel kostet es, wenn Du mit einem Mann gehst?"

„1000 Baht (ca. € 25,00) für einen Tag. Hinzu kommen 200 Baht für den Barbesitzer."

„Du bist teuer. Andere Mädchen kosten nur halb soviel. Egal, ich bezahle Dich und den Barbesitzer. Dann haben wir viel Zeit und Du kannst mir sehr viel erzählen."

„Du willst mit mir schlafen?"

„Ich weiß es noch nicht, erst möchte ich Deine Geschichte hören."

„Wenn Du mich bezahlst, kannst Du auch mit mir schlafen, alle machen es. Es ist mein Beruf."

„Komm mit mir. Ich lade Dich zum Essen ein, da kannst Du mir schon etwas über Dich erzählen. Einverstanden?"

Tom überlegte kurz. Dann stimmte sie zu.

„OK, aber ich erzähle Dir nicht alles."

„OK, Du erzählst nur das, was Du möchtest. Aber alles, was Du erzählst, muß stimmen, Du darfst nicht lügen. Versprichst Du mir das?"

„OK."

Ich bezahlte die Auslösesumme von 200 Baht an den Barbesitzer. Tom verschwand kurz, um ihre Tasche zu holen. Dann gingen wir.

Es war Zeit zum Mittagessen geworden.

„Laß uns ein wenig gehen. Außerhalb des Dorfes kenne ich ein kleines Restaurant. Wir Mädchen essen oft dort. Es sind keine Touristen dort."

Es war recht weit zu dem Restaurant. Etwa zwanzig Minuten hatten wir zu gehen, dann sahen wir das kleine Lokal. Eigentlich war es jedoch mehr eine Bretterbude. Sowohl innen, als auch außen, in der prallen Mittagssonne, standen ein paar Tische und Stühle. Ja, in diesem Restaurant waren sicher nur selten Touristen. Jetzt, um die Mittagszeit, waren wir ganz allein. Eine etwa zwanzig Jahre alte Frau, die Bedienung und wohl auch zugleich die Köchin, war damit beschäftigt, die unzähligen Fliegen, die auf den Speiseauslagen krabbelten, zu betrachten.

Die Hitze war inzwischen unerträglich geworden. Das Restaurant hatte keine Klimaanlage. Lediglich ein großer Deckenventilator drehte sich langsam in der stickigen Luft. Ich war vollständig durchnäßt.

„Ihr Farang schwitzt immer sehr stark. Immer ist Eure Kleidung naß. Ihr seit auch immer voller Mückenstiche. Die Mücken scheinen Euch zu lieben. Wahrscheinlich sind es Mückenfrauen." Tom schien sich zu amüsieren, sie lachte.

Es war einfach zu warm in dem kleinen Restaurant. Ich hatte den Eindruck, keine Luft zu bekommen. Gäbe es doch wenigstens ein kleines Gewitter.

„Laß uns nach draußen gehen!" Ich dachte an die Tische und Stühle außen vor dem Restaurant. Dort gab es allerdings keinen Schatten, dort brannte die Sonne.

Tom sprach mit der Bedienung. Die Bedienfrau nickte und brachte einen Sonnenschirm nach draußen.

Außerhalb des Restaurants war es wirklich etwas erträglicher. Trotzdem war die Temperatur unangenehm heiß und es war schwül.

„Zieh Dein Hemd aus. Hier darfst Du es tun."

Das kam mir entgegen. Mit nacktem Oberkörper war das Klima wenigstens halbwegs zu ertragen.

„Männer haben es leichter", lächelte Tom. „Wir Frauen müssen immer bekleidet sein. Eine Thaifrau legt sich nicht, wie die Frauen der Farang, mit nacktem Busen an den Strand. Die Farang - Frauen schämen sich nicht! Aber ich schäme mich, wenn ich diese Frauen so sehe. Ich schäme mich, ebenfalls eine Frau zu sein. Es ist nicht schön, zu sehen, wie die thailändischen Männer um diese Frauen herumschleichen und auf deren Busen starren. Keine thailändische Frau würde sich so zeigen."

Tom war richtiggehend empört.

„Das glaube ich nicht", sagte ich, „sehr viele nackte thailändische Frauen habe ich gesehen. Auf kleinen Bühnen in Patong präsentieren sie sich. Sie haben nicht nur nackte Busen, sie sind vollständig nackt."

„Das ist etwas anderes. Das ist der Beruf der Showgirls. Wenn Du sie mit in Dein Hotel nimmst, wirst Du erleben, daß sie sehr schüchtern sind. Im Hotelzimmer wirst Du sie wahrscheinlich nicht nackt sehen können. Sie schämen sich. Glaube nicht, daß auch nur eine einzige von ihnen in ihrer Freizeit mit nackter Brust gehen würde. Immer haben sie, wie auch alle anderen Thai - Frauen, ein T - Shirt an. Unter dem T - Shirt tragen sie einen BH. Nur selten wirst Du eine thailändische Frau ohne BH sehen."

„Warum nicht?"

„Vielleicht verstehst Du das nicht. Du weißt sicher, daß wir Thaifrauen meist nur kleine Brüste haben. Wir sind anders als Eure Frauen. Wir tragen einen BH nicht deshalb, weil unsere Brüste so schwer sind, wir tragen ihn ausschließlich, um zu verhindern, daß sich unsere Brustwarzen unter dem T - Shirt abzeichnen und alle Männer dorthin schauen."

Ich konnte dieser Logik nicht so ganz folgen und beschloß, gezielter zu fragen.

„Du schämst Dich also, wenn ein Mann Deinen Busen sieht?"

„Ja, sehr."

„Du schläfst für Geld mit Männern. Ich gehe davon aus, daß diese Dich dann auch nackt sehen, oder etwa nicht?"

„Ist das ein Teil Deines Interviews?", fragte Tom.

„OK, betrachte es so. Ich möchte alles von Dir wissen."

„Gut. Wenn ich mit einem Fremden schlafe, bin ich in ein großes Handtuch gewickelt. Ich lege mich zu ihm ins Bett. Ich lasse mich von ihm berühren. Ich muß es auch zulassen, daß er mir das Handtuch fortzieht. Ich weiß, er sieht mich an. Ich schließe meine Augen. Ich schäme mich dann, aber es gehört zu meinem Beruf. Niemals aber würde ich freiwillig meinen Busen zeigen. Doch...„, sie überlegte, „..einem Ehemann gegenüber würde ich es freiwillig machen. Er hat schließlich ein Recht darauf."

Ich konnte dieser Denkungsweise einfach nicht folgen. Das Gespräch wurde mir unbehaglich. Glücklicherweise kam die Bedienung, um die Bestellung aufzunehmen.

Wir bestellten eine ‚Tom jang gung', eine süß - saure Garnelensuppe und ‚Khao - pad gai' - gebratener Reis mit Huhn.

„Dies ist kein Touristenrestaurant", belehrte mich Tom. „Wirst Du das essen können? Es ist vielleicht zu scharf für Dich."

„Ich esse scharf. Ich bin nicht das erste Mal in Thailand."

„OK. Wir Leute aus dem Issaan essen recht scharf und wir essen auch vieles, was Du nicht anrühren würdest."

„OK, erzähl es mir. Erzähl von Deinem Essen, von Deinem Leben. Erzähl einfach alles."

„Wo soll ich beginnen?"

„Ganz am Anfang. Beginn bei Deiner Kindheit in Deinem Dorf."

„Da gibt es nicht viel zu erzählen. Wir waren sechs Kinder, Vier Jungen und zwei Mädchen. Mein Vater war Feldarbeiter. Außerhalb der Pflanz - und Erntezeiten fing er Fische. Unser Dorf liegt an einem Fluß.

Wie alle Kinder mußte ich sehr früh zu Hause arbeiten. Ich lernte Essen zu kochen, Wäsche zu waschen, das Haus sauber zu halten. Dazu kamen Arbeiten wie nähen, stopfen, bügeln und so weiter. Es gab viel Arbeit. Wir waren ja nur zu dritt, meine Mutter, meine jüngere Schwester und ich."

„Heißt das, daß Deine Brüder nicht mithelfen mußten?"

„Nein, nicht in dem Sinne. Solange sie noch Kinder waren, hatten sie immer Freizeit. Später, wenn sie erwachsen wurden, gingen Sie einem Beruf nach. Das verdiente Geld behielten sie jedoch meist für sich. Erst, wenn sie selbst eine Frau und eine eigene Familie hatten, gaben sie etwas Geld ihren Ehefrauen. Manche Männer geben ihren Frauen gar nichts."

„Die Frauen und Mädchen müssen arbeiten, die Männer tun nichts. Habe ich das richtig verstanden?"

„Ja, so in etwa."

„Wie ging´s weiter?"

„Ich ging zur Schule. Die Schule machte mir viel Freude. Leider konnte ich nicht sehr oft zur Schule gehen. Wenn es Feldarbeit gab, oder wenn Hochwasser war und viele Fische gefangen werden mußten, durften wir Mädchen nicht in die Schule gehen. Deshalb habe ich vieles nicht gelernt."

„Kannst Du lesen, rechnen und schreiben?"

„Ich kann ein wenig lesen. Schreiben und rechnen kann ich fast gar nicht." Tom schämte sich.

„Erzähl weiter."

„Als ich fünfzehn Jahre alt war, heiratete ich."

„Das ist sehr früh."

„Nein, fast alle Mädchen heiraten mit fünfzehn oder sechzehn Jahren."

„Wie hast Du Deinen Mann kennengelernt?"

„Ich habe ihn nicht kennengelernt. Meine Eltern hatten ihn für mich ausgesucht. Er hatte Geld für mich bezahlt und mich bekommen."

„Er hat Dich von Deinen Eltern gekauft?"

„Ja, so in etwa. Das ist bei uns so üblich."

„Du warst sicher noch Jungfrau."

„Natürlich!" Sie war richtig empört. „Glaubst Du, sonst hätte mich der Mann genommen?"

„OK, Du warst fünfzehn Jahre alt, als Du verkauft wurdest." Bewußt wählte ich die Vokabel „verkauft". „Wie alt war Dein Ehemann damals?"

„Ich weiß es nicht. Er wird etwa dreißig Jahre alt gewesen sein. Er war Häuserbauer. Er hat recht viel Geld verdient. Mir gab er jedoch nur wenig. Es reichte kaum, die erforderliche Lebensmittel einzukaufen."

„Wo habt ihr gewohnt?"

„In der Hütte meiner Eltern, es war eine große Hütte. Wir hatten ein eigenes kleines Zimmer. Ich hatte immer sehr viel zu tun. Ich mußte unsere kleine Wohnung in Ordnung halten und Essen für meinen Mann und mich kochen. Zusätzlich mußte ich auch meine bisherigen Arbeiten ausüben. Ich war also weiterhin für meine gesamte Familie tätig."

„Warst Du glücklich mit Deinem Mann? Hast Du ihn geliebt?"

„Nein, ich habe ihn nicht geliebt. Ich habe noch nie jemanden geliebt. Ich kenne Liebe aus Filmen, ich weiß nicht, ob es so etwas wirklich gibt. Mich hat noch niemand geliebt."

„Heißt das, Dein Ehemann hat Dich nie gestreichelt oder geküßt?"

„Nein, natürlich nicht."

„Wenn Dein Mann abends nach Hause gekommen ist, hat er Dir keine Komplimente gemacht? Hat er nicht gesagt, daß Du sehr hübsch bist?"

Tom mußte bei dieser Vorstellung lachen. „Nein, wirklich nicht. ‚Was gibt es zu essen?' war seine einzige Frage."

„Ihr habt zusammen geschlafen. Wie ich weiß, hast Du Kinder. Wenn Du mit ihm im Bett warst, habt ihr Euch doch sicher geliebt."

In Toms Augenwinkeln glitzerten zwei kleine Tränen.

„Nein", sagte sie leise. „Thailändische Männer sind nicht gut. Mein Mann hat mich vergewaltigt - jedes Mal. Wenn er betrunken war und spät abends nach Hause kam, hat er mich geweckt. Ich mußte mich umdrehen und er hat mich genommen. Dann ist er eingeschlafen. Es war nicht schön. Außerdem hat er mich sehr oft geschlagen.

Europäische Männer, mit denen ich für Geld schlafe, sind zärtlicher als mein thailändischer Mann es je gewesen ist."

„Was haben Deine Eltern dazu gesagt? Sie haben doch sicher gehört, daß er Dich geschlagen hat."
„Anfangs haben sie dazu geschwiegen. Sie haben es gehört, aber nichts dazu gesagt. Ich gehörte ja schließlich meinem Ehemann. Als mein Mann jedoch begann, mich regelmäßig täglich zu schlagen und als alle Leute wußten, daß er eine feste Freundin im Nachbardorf hatte, hat ihn mein Vater aus dem Haus geworfen.
Ich war wieder allein. Aber ich war schwanger. Bald darauf bekam ich Zwillinge, zwei Mädchen."
Tom sah ein wenig traurig aus. Die Erinnerungen schienen sie zu beschäftigen. Sie hatte aufgehört zu sprechen und stocherte lustlos in ihrem Essen herum.
Das Wetter war noch wärmer, noch schwüler geworden. Man konnte kaum atmen. Am Himmel zeigten sich jedoch einige kleine Wölkchen. Würde es endlich regnen, ich hoffte es.
„Was geschah, nachdem Du Deine beiden Kinder hattest?"
„Laß uns gehen!" Sie hatte offensichtlich keine Lust mehr, zu erzählen. „Ich erzähle es Dir später."
Ich bezahlte den lächerlich geringen Betrag für Essen und Trinken. In den wenigen Restaurants, in denen keine Touristen verkehren, ist es wirklich sehr preiswert.
Nachdem ich mir wieder mein Hemd angezogen hatte, gingen wir gemeinsam in Richtung Dorf. Tom sprach nur wenig.
„Laß uns zum Strand gehen. Dort gibt es ein Restaurant auf einem Felsen über dem Meer. Dort trinken wir etwas und Du erzählst mir weiter."
Tom nickte wortlos.
Bei diesem Restaurant handelte es sich um ein typisches Restaurant, welches vom Tourismus lebt. Auf einer Klippe, von Palmen umgeben, bot es einen wunderschönen Ausblick auf das Meer. Wir wählten einen Platz, lediglich durch einen kleinen Zaun gesichert, direkt am Klippenrand. Unter uns schlugen die Wellen gegen die Felsen und erzeugten beim Ablaufen gurgelnde Geräusche. Die weiblichen Bedienungen trugen lange Brokatkleider. In die Haare hatten sie Orchideen gesteckt.
Wir bestellten zwei Bier, ein Singha - Bier und ein Heineken.
„Erzähl bitte weiter."
„Bis wie weit bin ich gekommen?"
„Du lebtest in deinem Dorf und warst verheiratet. Du hattest zwei Kinder und Deine Ehe war zu Ende."
„Ja, er war gegangen."
„Geht das so einfach, bekamst Du Geld für die Kinder von ihm?"
„In meiner Heimat ist vieles anders, als in den großen Städten wie zum Beispiel in Bangkok.

Ein Mann sieht ein junges Mädchen und beschließt, sie zu heiraten. Er spricht mit seinen Eltern, oder wenn diese nicht mehr leben, mit seinen Geschwistern darüber. Diese besuchen dann die Eltern des Mädchens und fragen, ob die beiden heiraten können. Man einigt sich, oft nach langen Verhandlungen, über den Preis für das Mädchen. Dann wird der Hochzeitstermin festgelegt. Bis zu diesem Tag können sich dann die beiden Brautleute im Hause beider Eltern treffen, sind jedoch niemals allein."

„Wie geht dann die Hochzeit vor sich?"

„Es ist ein großes Fest im Hause der Eltern des Mädchens; es ist sehr teuer. Oft kommen dreihundert Gäste aus dem Dorf des Mannes und aus dem Dorf der Frau. Jeder bringt Geschenke mit.

Schon am frühen Morgen kommen die ersten Gäste und beginnen zu essen und zu trinken. Dann kommen die Mönche. Auch sie werden bestens bewirtet. Danach werden die Brautleute vor dem Hausaltar verheiratet.

So etwas wie ein Standesamt, wie bei euch, oder wie in den großen Städten, ist in unseren Dörfern nicht üblich. Mein Ehemann und ich habe kein Papier unterschrieben, auf dem steht, daß wir verheiratet sind."

„Wie lange dauert die Feier?"

„Gegen Abend sind die meisten Gäste gegangen. Die besten Freunde, die Geschwister und natürlich die Eltern bleiben jedoch bis spät in die Nacht. Gegen Mitternacht gehen die Brautleute dann zum ersten Mal gemeinsam schlafen. Die Frau ist natürlich noch Jungfrau. Die Freunde und Geschwister gehen dann auch nach Hause. Meist kommen sie jedoch am nächsten Morgen zurück. Erneut wird gegessen und getrunken. Gegen Mittag ist die Feier dann endgültig vorbei."

„Ich glaube, ich verstehe. Weil es keine standesamtliche Trauung gibt, ist auch die Scheidung recht einfach."

„Ja, der Mann geht einfach."

„Bekommt die Frau irgendeine Abfindung?"

„Wenn sie keine Kinder haben, wird sie nichts bekommen. Haben sie Kinder, wird der Dorfvorsteher einen Betrag als Abfindung festsetzen. In vielen Fällen bezahlt der frühere Ehemann diesen Betrag jedoch nicht. Dann hat die Frau kaum eine Möglichkeit, den Mann zur Zahlung zu zwingen. So war es auch bei mir. Ich hatte zwei Kinder, keinen Ehemann und kein Geld."

„Hast Du versucht, wieder zu heiraten?"

„Nein!"

„Warum nicht?"

„Das hat mehrere Gründe. Als Frau muß ich natürlich warten, bis mich ein Mann haben will. Eine Frau kann schließlich keinen Mann ansprechen. Eine Frau mit zwei Kindern will jedoch kein Mann haben; höchstens ein schlechter Mann.

Ich hatte auch Angst, wieder einen Mann zu bekommen, der mich schlägt. Die thailändischen Männer sind sehr schlecht."
„Woher willst Du wissen, daß thailändische Männer schlecht sind? Du, so habe ich Dich verstanden, kanntest doch nur einen Mann, Deinen Ehemann."
„Das stimmt. Bis zu meiner Scheidung war ich nur mit meinem Mann zusammen. Ich war früher eine anständige Frau!"
„Woher weißt Du dann, daß thailändische Männer schlecht sind?"
„Jeder weiß es. Mein Leben ist kein Einzelfall. Vielen meiner Freundinnen im Dorf ist es genauso ergangen. Auch fast alle Bargirls haben etwa das gleiche Schicksal wie ich."
„OK, ich denke, ich verstehe. Jetzt etwas anderes:
Vorhin, beim Essen, hast Du gesagt: ‚Wir Leute aus dem Issaan essen recht scharf, und wir essen auch vieles, was Du nicht anrühren würdest.' Was hast Du damit gemeint?"
„Nun, das ist doch klar." Dieses Thema schien ihr deutlich besser zu gefallen. „Daß wir gebratene Heuschrecken essen, hast Du ja sicher schon gesehen. Die meisten Fremden rümpfen darüber die Nase. Aber Heuschrecken schmecken sehr gut."
„Ich habe schon Heuschrecken gegessen. Aber was ißt man denn sonst noch im Issaan?"
„Alles, einfach alles. Wir essen verschiedene Käfer. Sehr lecker sind ‚Maeng kinun', etwa bohnengroße, schwarze Käfer. Wir essen auch Käfer, die bei Euch Kakerlaken heißen."
„Ihr eßt viele Käferarten?"
„Wir essen alles, was wir bekommen können. Wir essen auch Ratten und Mäuse. Nachts zieht man mit Lampen auf die Felder und fängt die Tiere. Über einem offenen Feuer gebraten, schmecken sie sehr gut."
Bei dieser Vorstellung war mir doch ein wenig eigentümlich zu Mute.
„Wir essen auch ‚Maeng mau', das sind kleine Tiere mit Flügeln. Sie sind ähnlich wie geflügelte Ameisen."
„Das Essen, von dem Du mir jetzt erzählst, besteht nur aus Kleintieren. Sicher eßt Ihr auch große Tiere."
„Ja, sicher meinst Du Hühner, Enten, Gänse, Schweine, Rinder und Büffel."
„Genau. So etwas eßt Ihr doch sicher auch."
„Ja, sehr gerne. Aber Du mußt wissen, daß so etwas für uns recht teuer ist. Du wirst es jedoch wohl anders sehen. Für Dich erscheint es preiswert. Wir Leute im Issaan haben nur wenig Geld. Die meisten Menschen sind sehr arm. Gutes Fleisch muß man kaufen. Käfer, Schnecken und ähnliche Tiere sind kostenlos, man sucht sie selber."
„Wie teuer ist denn etwa ein Kilo Rindfleisch in Deinem Dorf?"

„Das kommt ganz auf das Fleisch an. Das gute Fleisch, das ihr Steak nennt, kostet etwa 150 Baht[1] (etwa € 3,75) pro Kilo. Innereinen, wie Leber und Pansen, sind natürlich viel billiger. Auch Schweinefleisch kostet lange nicht soviel wie Rind."

„Ihr eßt Pansen?" Erneut hatte ich bei dieser Vorstellung ein ungutes Gefühl.

„Wir essen alles! Es wird nichts weggeworfen."

„Ich habe gehört, die Leute im Issaan essen auch Hunde. Stimmt das?"

„Ja, früher wurde viel Hund und Katze gegessen. Heute essen jedoch nur noch wenige Leute Hunde. Ich selbst habe noch nie Hund gegessen, kenne jedoch viele Leute, die es mehrfach getan haben. Hunde sollen recht gut schmecken."

„Ich mag nicht daran denken."

„Ich verstehe es. Ich habe bisher nicht deshalb keinen Hund gegessen, weil ich dachte, er schmeckt nicht. Ein Hund tut mir leid. Früher hatte ich selbst einen Hund. Ich habe ihn sehr gern gehabt. Eines Tages war er fort. Da wir ihn nicht wiedergefunden haben, nehme ich an, daß ihn jemand gefangen und gegessen hat.

In meinem Dorf habe ich auch zwei Kaninchen. Die mag ich ebenfalls sehr gern. Meine Kinder spielen mit ihnen. Die Kaninchen werde ich natürlich nie essen."

„Auch nicht, wenn Du ganz großen Hunger hast?"

„Nein, bestimmt nicht. Aber ich esse sehr gerne Schlangen. Eine große Kobra schmeckt sehr lecker. Sie wird ausgenommen und in Stücke geschnitten. Dann werden diese Stücke auf einem Grill angebraten. Letztlich kocht man aus diesen angebratenen Stücken, zusammen mit vielen Gewürzen, eine leckere Suppe."

„Doch, Schlange möchte ich einmal probieren."

„Wenn Du möchtest, kannst Du einmal mit mir in mein Dorf fahren. Dort kannst Du alles probieren. Ich kann sehr gut kochen."

Tom schien stolz auf diese Fähigkeiten zu sein. Das Angebot reizte mich. Darüber wollte ich wirklich einmal nachdenken.

Viel Zeit war während unseres Gespräches vergangen. So einige Bier hatten wir inzwischen getrunken. Tom war schon deutlich lustiger geworden.

Am Himmel hatten sich schon ein paar Wölkchen gebildet. Dann kamen die ersten großen Wolken. Wind war aufgekommen und die bisher unerträgliche Temperatur war gesunken. Das Hotelpersonal sah besorgt zum Himmel und begann lose Gegenstände, Tischdecken, Sonnenschirme, Vordächer usw. zu sichern. „Faa lääp - Gewitter" hörte ich. Auch Tom sah zum Himmel.

---

[1] *Preise im Jahr 2001*

„Fon scha tok - es wird regnen!"
„Meinst Du, es gibt einen starken Regen?"
„Ich weiß es nicht. Auf Phuket habe ich noch keinen sehr starken Regen erlebt. Aber, wenn in meiner Heimat der Himmel so aussieht, wird es sehr schlimm. Ich glaube, auf Phuket ist es besser."
„Was meinst Du mit sehr schlimm? Heißt das, es gibt sehr viel Regen?"
„Ich kann Dir nur aus meiner Heimat erzählen. Es gibt dort schreckliche Gewitter. In den Reisfeldern stehen vereinzelte Bäume. Viele von ihnen sind verdorrt, sie sind von Blitzen getroffen worden. Die Gewitter, sie kommen meist während der Nacht, sind wirklich sehr stark. Sehr viele Blitze gibt es. Rings um die Häuser schlägt es ein. Die Kinder weinen. Die Tiere verkriechen sich. Die erwachsenen Leute hocken zusammen und unterhalten sich flüsternd. Falls man gerade am Essen war, wird die Mahlzeit abgebrochen. Alle haben Angst."
„Angst wovor, vor den Blitzen?"
„Ja, auch. Oft schlägt es ein, Menschen können sterben. Aber auch das Wasser ist sehr gefährlich. Sehr schnell ist alles überflutet. Die Flüsse steigen. Mauern werden vom aufgestauten Wasser zum Einsturz gebracht. Auch Häuser stürzen ein. In tief gelegenen Gegenden ertrinken manchmal Leute."
„Das hört sich ja wirklich sehr gefährlich an. Dauert es lange, bis so viel Wasser da ist?"
„Es geht sehr schnell. In kurzer Zeit ist alles überflutet. Anfangs, wenn die Regenzeit beginnt, fließt das Wasser noch gut ab. Doch während der Regenzeit gibt es fast jeden Tag heftige Gewitter. Bald kann das Wasser nicht mehr ablaufen. Die Flüsse und Bäche sind voll. Dann steigt das Wasser sehr hoch. Fast jedes Jahr gibt es im Issaan große Überschwemmungen. Schlangen schwimmen im Wasser. Es hat auch schon Krokodile gegeben, die aus den Flüssen auf die Straßen geschwommen sind. Es ist wirklich sehr gefährlich."
„So schlimm wird es hier sicher nicht werden."
„Nein", Tom lachte. „Ich glaube, auf Phuket gibt es keine Krokodile. Die haben Angst vor den Farangs, den Europäern."
„Hast Du schon oft solche Unwetter erlebt?"
„Ja, ich sagte es schon, jedes Jahr.
Einmal habe ich sogar einen Taifun erlebt. Es war schrecklich. Erst wurde der Himmel rot, dann pechschwarz. Die Leute dachten schon, der Taifun ziehe vorbei, aber er zog direkt über unser Dorf. Erst gab es nur wenig Wind. Dann, plötzlich wurde der Sturm sehr stark. Ich habe gesehen, wie Bäume durch die Luft gewirbelt wurden. Es gab keinen Strom mehr. Alles war dunkel. Der Sturm war schrecklich laut. Erwachsene Leute schrieen vor

Angst. Die Dächer der Häuser wurden abgedeckt. Ich habe gesehen, wie ganze Häuser durch die Luft flogen. Es war furchtbar.

Plötzlich wurde das Dach von unserer Hütte gerissen. Große Mengen von Wasser stürzten in unseren Raum. Meine beiden Kinder schrieen vor Angst. Ich hielt sie fest an mich gepreßt. Ich hatte Angst, der Sturm würde sie mir fortreißen. Auch ich habe geschrieen. Wir alle hatten schreckliche Angst.

Dann, ganz plötzlich, war der Taifun vorbei. Es war alles ganz ruhig. Nur noch in der Ferne hörte man den Sturm heulen. Ich war froh, daß es vorbei war, doch mein Vater sagte, der Taifun kommt wieder. Oft kommt der Taifun zwei Mal.

Schnell verließen wir unsere Hütte. Wir rannten, so schnell wir konnten, zum Nachbarn, der hatte ein Haus aus Stein.

Kaum waren wir dort, kam der Taifun tatsächlich ein zweites Mal. Wir hockten auf dem Boden. Viele Leute waren bei diesem Nachbarn. Er hatte das größte und festeste Haus in unserem Dorf. Dann war endlich alles vorbei."

„Wie lange hat der Sturm gedauert?"

„Nicht sehr lange, etwa eine Stunde. Als sich der Sturm gelegt hatte, kehrten wir in unsere Hütte zurück. Meine Mutter weinte, als sie sah, was der Sturm angerichtet hatte. Alles war kaputt. Wir waren plötzlich sehr arm. Wir hatten nichts mehr.

Der Dorfvorsteher brachte uns und auch andere Familien bei anderen Leuten unter. Mein Vater und meine Brüder begannen, die Hütte zu reparieren. Auch wir Frauen halfen dabei, aber wir hatten kein Geld für die benötigten Baumaterialien."

Tom weinte, die Erinnerungen waren zu stark für sie.

„Wie ging es weiter?"

„Laß uns gehen, ich erzähle es Dir später." Tom war innerlich aufgewühlt.

Als wir gingen, war der Himmel schwarz verfärbt. Der Wind wurde böig.

„Wohin wollen wir?", fragte ich.

„Laß uns ein Taxi nehmen und in einen der Nachbarorte fahren. Laß uns an einer Bar in Patong noch ein Bier trinken.

In Patong saßen wir dann an einer der zahlreichen Bars. Die bedienenden Bargirls waren sehr nett und freundlich, doch alle schienen ein wenig unkonzentriert; Oft schauten sie zum Himmel. Fast alle Bargirls kamen aus dem Issaan und kannten die Vorboten eines Unwetters. Nur die Touristen schienen nichts zu bemerken.

Dann brach das Unwetter los. Nein, es war nicht schlimm. Es war mit nichts von dem zu vergleichen, was Tom erzählt hatte.

Er wurde unangenehm kalt. Es regnete in Strömen. Das begleitende Gewitter war hingegen ehr schwach. Die Vordächer der Bars, konnten das Wasser nicht mehr abfangen. In wenigen Minuten standen die kleinen Bar-

straßen unter Wasser. Die Touristen hatten Spaß. Bis zu den Knien im Wasser wateten sie die Straßen entlang.
Wir saßen an der Bar und hatten die Füße hochgezogen. Die Barhocker standen bis zur Hälfte im Wasser. Dann fiel der Strom aus. Die Bars lagen im Dunkeln. Der sonst ohrenbetäubende Lärm der Musikanlage war verstummt. Kerzen standen auf den Theken und erhellten die Umgebung nur mäßig.
Viele der Touristen wateten durch das Wasser in ihre Hotels. Taxis fuhren nicht mehr. Nur noch wenige Europäer waren an den Bars zurückgeblieben. Neben uns saß ein Schweizer. Er und ich waren die einzigen Farangs an dieser Bar. Auch an den Nachbarbars gab es kaum noch Gäste.
Die Unterhaltung mit den Bargirls verlief stockend. Irgendwie kam keine rechte Stimmung mehr auf.
Plötzlich machte der Schweizer, seinen Namen habe ich vergessen, den Vorschlag, die Bargirls sollten doch, da wir keine Musikanlage mehr hatten, uns etwas vorsingen. Was ich nicht erwartet hatte, geschah. Die Mädchen sangen. Es war für mich erstaunlich, Wie viele gemeinsame Lieder sie kannten. Als erstes sangen sie, wie konnte es auch anders sein, ‚Phatet thai', die thailändische Nationalhymne. Auch Tom und sogar einige Mädchen an den Nachbarbars fielen mit ein. Bald, so etwas habe ich nie wieder erlebt, wurde an allen Bars gesungen. Es war bestimmt eine einmalige Situation.
Es kam, wie es kommen mußte:
Wir, der Schweizer und ich, wurden aufgefordert, ein Lied aus unserer Heimat vorzutragen. Glücklicherweise kannte der Schweizer das Lied „Warum ist es am Rhein so schön". So hatten wir eine gemeinsame Basis und wir sangen, nicht melodisch, aber immerhin laut. Unsere Zuhörer waren begeistert. Es wurde ein schöner Abend.

Nach einigen Stunden war das meiste Wasser abgelaufen. Es fuhren auch wieder Taxis und so fuhren Tom und ich in mein Hotel in den Ort Kata zurück.
Im Restaurant des Hotels aßen wir, es war zwar schon ziemlich spät, zu Abend.
„Bleibst Du über Nacht bei mir?", fragte ich Tom.
„Du hast für mich bezahlt, also bleibe ich", erklärte Tom bestimmt.
In meinem Zimmer verschwand Tom im Badezimmer. Ich hörte das Wasser rauschen. Sie duschte. Sie summte eine Melodie. Ich glaube, es war „Warum ist es am Rhein so schön".
Tom blieb sehr lange im Badezimmer. Dann kam sie zurück. Sie hatte sich in ein Badehandtuch des Hotels gewickelt. Sie öffnete den Kühlschrank und

nahm eine Flasche Wasser heraus. Sie schenkte mir ein Glas Wasser ein und reichte es mir.

„Trink, das ist gut."

Zwar hatte ich keinen Appetit auf Wasser, aber ich nahm es und trank. Sie beobachtete mich dabei.

„Trinkst Du nichts?"

„Ich habe keinen Durst, aber ich habe Hunger. Darf ich zur Straße gehen und mir ein paar Tintenfische kaufen?"

„Du hast doch gerade gegessen, hast Du schon wieder Hunger?"

Ich gab ihr Geld und den Zimmerschlüssel. Sie verschwand wieder im Bad und zog sich an.

„Bring mir zwei Tintenfisch mit. Bleib nicht so lange."

Doch Tom blieb sehr lange weg. Ich hatte mich bereits ins Bett gelegt und wäre fast schon eingeschlafen, als ich sie kommen hörte. In einer Plastiktüte hatte sie etwa zehn getrocknete Tintenfische.

„Komm essen", forderte sie mich auf.

Gemeinsam saßen wir am kleinen Tisch meines Hotelzimmers und aßen Tintenfisch. Dazu gab es Bier aus meiner Minibar.

„Erzähl weiter", forderte ich sie auf, „Eure Hütte war durch den Taifun zerstört und Ihr hattet kein zuhause mehr", erinnerte ich sie an das Ende ihrer bisherigen Erzählung.

Sie zögerte. Das weitere ihrer Geschichte zu erzählen, schien ihr schwer zu fallen.

„Du wolltest mir von Dir erzählen", erinnerte ich sie. „Dafür habe ich Dich bezahlt, nicht dafür, daß Du mit mir schläfst."

„Der Taifun ist der Grund, weswegen ich heute an der Bar arbeite", begann sie stockend. „Ich habe es nicht gern getan, aber ich mußte es tun."

„Warum?"

„Durch den Sturm waren wir sehr arm geworden. Der ältere Bruder meiner Mutter sagte mir, ich müsse jetzt Geld besorgen. Erst verstand ich nicht, wie ich das machen sollte.

,In Phuket, dort wo die vielen Farangs sind, kannst Du sehr viel Geld verdienen', erklärte er mir. Ich hatte begriffen, ich sollte eine Prostituierte werden."

„Und Du bist gegangen?", fragte ich ungläubig.

„Ja, in meinem Dorf weiß niemand, was ich mache. Meine Eltern, meine Freunde und Bekannten glauben, ich sei als Zimmermädchen in einem der Hotels in Phuket tätig. Das Geld, das ich verdiene, sende ich nach Hause."

„Sie glauben Dir das? Ein Zimmermädchen verdient nicht viel Geld."

„Wenn ich Geld schicke, fragt niemand, woher ich es habe. Fragt wirklich einmal jemand, sage ich, ich hätte in der Lotterie gewonnen. Was soll ich machen, das Haus muß repariert werden und meine Kinder brauchen Geld für Essen, Trinken, Kleidung und für die Schule. Sie sollen es einmal besser haben als ich."

„Wie bist Du hierhergekommen?"

„Überall im Issaan gibt es Leute, die Frauen an die Bars hier vermittelt. Zu solch einer Frau, meist sind es Frauen, bin ich gegangen. Sie gab mir das Geld für die Busreise hierher. Erst dachte ich, ich solle als Bedienung in einem Restaurant arbeiten. Ich war enttäuscht, als ich die kleinen Bars hier sah. Ich hatte an ein großes Restaurant gedacht.

Anfangs verkaufte ich wirklich nur Bier und andere Getränke. Oft fragten mich die Farangs, ob ich mit ihnen gehen würde. Anfangs habe ich abgelehnt. Doch ich brauchte Geld. Meine Familie hatte Hunger. Dann bin ich mit einen der Fremden ins Hotel gegangen. 600 Baht (etwa € 15,00) habe ich dafür erhalten. Es war schrecklich, aber es war schnell vorbei. Er hatte mich für eine Stunde gemietet. Wir gingen in sein Hotel und dort nahm er mich. Schon nach zehn Minuten war alles vorbei und ich konnte zur Bar zurückkehren. Ich habe mich schrecklich geschämt. In der Bar habe ich geweint, mich betrunken. Am nächsten Tag habe ich das Geld nach Hause geschickt. Ich war eine Prostituierte geworden. Aber auch in anderer Sicht war ich eine schlechte Frau geworden, ich rauchte auch und trank viel."

„Wie ging es weiter?"

„Es wurde leichter. Geweint habe ich nie wieder. Von meinen Freundinnen habe ich gelernt, wie man es machen muß:

Man geht nicht sofort mit dem Fremden, wenn er fragt. Man sagt OK, aber man zögert es möglichst lange heraus. Man serviert ihm möglichst viel zu trinken. Auch läßt man sich möglichst viele Drinks ausgeben. Betrunken ist es leichter. Zum einem bekommt man oft von den Getränken Provision, zum anderen, und das ist wichtiger, ist dann der Mann häufig so betrunken, daß er im Hotel, in seinem Bett, lieber schlafen möchte. Das ist dann sehr schön, denn das vereinbarte Geld muß er trotzdem bezahlen."

„Du gehst also stundenweise mit den Fremden?"

„Anfangs ja. Ich sprach damals kaum englisch. Unterhalten konnte ich mich mit den Farangs nicht. Auch heute gehe ich lieber eine oder zwei Stunden mit den Fremden. Das ist schnell vorbei und ich bekomme mein Geld. In dieser kurzen Zeit kann ich auch sehr viel machen, um zu erreichen, daß er nicht mit mir schläft. Gehe ich lange mit ihm, muß ich auf jeden Fall mit ihm schlafen. Ich tue das nicht gerne. Oft tut es weh."

„Was genau tust Du, damit der Mann nicht mit Dir schläft?"

Tom wurde verlegen.

„Erzähl es mir, Du hast es versprochen."

„Nun," begann sie zögernd, „ich habe Dir vorhin ein Glas Wasser gegeben. Das machen viele Mädchen. Wenn der Mann ein Glas Wasser trinkt, wird er sehr schnell fertig. Es dauert dann meist nicht sehr lange."

Dieses „Hausmittel" bezweifelte ich allerdings.

„Wenn ich mit dem Mann gehe, versuche ich, kein Taxi zu nehmen, sondern zu Fuß zu gehen. Ich fasse ihn an der Hand und gehe die Straße entlang. Es ist wichtig, alles recht langsam zu machen. Nach einer Stunde kann ich ja wieder gehen oder er muß nachbezahlen.

In seinem Zimmer gehe ich ins Badezimmer. Dort bleibe ich recht lange. Ich ziehe mich recht langsam aus und dusche recht lange. Oft werden die Männer ungeduldig und klopfen an die Tür. Dann muß ich kommen.

Ich wickele mich in ein großes Handtuch. Große Handtücher sind in allen Hotels.

Wenn ich dann in seinem Zimmer zurück bin, gebe ich ihm das Wasser und setze mich an den Tisch. Meist setzt er sich zu mir. Ich frage dann, ob ich noch etwas zu trinken bekommen kann. Meist gibt er es mir. Ich versuche, mich dann mit ihm zu unterhalten. So vergeht schon sehr viel Zeit."

„Merkt der Mann nicht, daß Du nur Zeit herausschinden willst?"

„Doch, mache merken es und drängen mich ins Bett. Dann kann ich nichts machen.

Oft aber klappt es. Manchmal sage ich auch, daß ich Hunger habe und Tintenfisch essen möchte. Viele Männer geben mir dann Geld und ich gehe auf die Straße, um Tintenfische zu kaufen. Ich bleibe natürlich recht lange und immer bringe ich auch für ihn etwas zu essen mit. Dann sitzen wir am Tisch in seinem Zimmer, essen, trinken und unterhalten uns."

„So, wie Du es eben bei mir versucht hast?"

Tom wurde verlegen.

„Ja", sagte sie schließlich. „Du wolltest es doch wissen."

„Klar, ich bin Dir nicht böse, erzähl weiter."

„Während des Gespräches versuche ich, ihm laufend neu einzuschenken. Ein betrunkener Mann ist meist ein guter Mann, er schläft ein."

„Immer?"

„Nein, manche Männer werden aggressiv, wenn sie betrunken sind. Viele verlangen auch perverse Sachen von uns Bargirls. Davor haben wir natürlich viel Angst."

„Nicht alle Männer, die Dich gemietet haben, schlafen mit Dir?"

„Nein, Du wirst es kaum glauben. Oft brauchen wir gar nicht mit ihnen zu schlafen.

Ich bin schon mit Männern zusammengewesen, die ich so betrunken gemacht habe, daß sie, wenn ich noch einmal ins Badezimmer gegangen und zurückgekommen bin, bereits eingeschlafen waren und ich mich anziehen und in meine Bar zurückkehren konnte, ohne, daß irgend etwas passiert war.

In der Bar sagen wir dann „Er ist schon tot". Alle lachen dann.

Wenn dann die Zeit, die ich mit ihm hätte verbringen müssen, um ist, kehre ich in sein Hotel zurück, wecke ihn auf und verlange mein Geld. Dann gehe ich endgültig."

Tom grinste. Diese Erinnerungen schienen ihr zu gefallen.

„Ihr zockt also die Männer richtig ab?"

„Ja, ich weiß, das ist nicht richtig, aber viele Mädchen machen es so. Manchmal betrügen wir die Männer auch regelrecht."

„Wie geht das?"

„Viele Mädchen und ich auch haben es schon gemacht. Ich gehe dann ins Badezimmer und male mit dem Lippenstift einen roten Fleck auf meinen Slip. Auch an meine Finger mache ich etwas Lippenstift. Dann gehe ich in das Zimmer zurück und mache fast alles Licht aus. Nur eine kleine Lampe lasse ich brennen. Der Mann darf nicht alles erkennen können. Dann zeige ich auf den Fleck in meinem Slip und erkläre ihm, daß ich meine Periode bekommen habe. Viele Männer verzichten dann darauf, mit mir zu schlafen. Bezahlen müssen sie trotzdem."

„Das glauben Dir die Männer?"

„Ja, es darf nur nicht sehr hell im Zimmer sein. Es gibt viele Tricks. Die Männer merken es nicht, die meisten von ihnen sind ziemlich betrunken."

„Das klappt aber nicht immer, nicht wahr?"

„Nein, natürlich nicht. Meist muß ich wirklich mit ihnen schlafen.

„Wie oft?"

Sie dachte nach. Im Geiste schien sie zu zählen. Dann antwortete sie.

„Ich habe gerade nachgezählt. An die ersten Männer kann ich mich recht gut erinnern. Die späteren Männer habe ich meist vergessen. Von den ersten zehn Männern, mit denen ich gegangen bin, habe ich mit nur sechs schlafen müssen. Die anderen vier hatte ich bereits so betrunken gemacht, daß sie eingeschlafen sind."

„Wenn Du mit ihnen schläfst, wie geht das vor sich?"

„Ich möchte das nicht erzählen, ich schäme mich. Du weißt doch selbst, wie so etwas gemacht wird."

„Erzähle es mir, bitte!"

Tom überlegte.

„OK", begann sie, „wenn ich mit dem Mann schlafen muß, lösche ich das Licht aus und lege mich, mit dem Handtuch um meinen Körper, zu ihm ins Bett. Er beginnt mich zu streicheln, überall. Das ist schrecklich, ich schäme mich dann so sehr."

„Ich hatte bisher nicht den Eindruck, daß Ihr Bargirls Euch sehr schämt. Ich bin auch schon mit zahlreichen Deiner Kolleginnen zusammengewesen."

„Ich weiß nicht, wie die anderen Mädchen es empfinden, ich schäme mich und ich glaube, die anderen Mädchen schämen sich auch. Es ist auch sehr schlimm, wenn ein Mann versucht, mich auf den Mund zu küssen.

Wenn der Mann dann mit mir schläft, stöhne ich ganz schrecklich laut. Ich sage ihm, daß ich noch nie einen Mann hatte, der es so gut macht, wie er. Der Mann glaubt es. Meist wird er dann recht schnell fertig und ich kann wieder gehen. Manche Mädchen erzählen dem Mann auch, daß er der erste ist, mit dem sie für Geld schlafen, aber so etwas mache ich nicht. Der Mann versucht dann nämlich fast immer, dem Mädchen zu erklären, daß es nicht gut ist, was sie macht. Für Geld mit Männern schlafen, das dürfe man nicht. Wenn aber dann das Mädchen sagt: ,OK, ich mache es nicht mehr' und das Mädchen will aufstehen und gehen, wird der Mann sehr böse. Mit ihm müsse man natürlich noch schlafen, aber in Zukunft dürfe man es nicht mehr."

Bei dieser Schilderung mußte ich lächeln.

„Sind die Männer wirklich so?"

„Ja, sehr viele. Die Männer, die uns bezahlen, glauben, sie selbst seien gut, wir Bargirls hingegen seien sehr schlecht. Manche Männer behandeln uns wie Dreck."

Darauf wußte ich nichts zu sagen. Es lohnt sich sicher, darüber nachzudenken.

„Du sagtest, Du gehst lieber mit einem Mann für kurze Zeit, also für eine oder zwei Stunden. Warum das? Ich denke, zwei oder gar drei Wochen sind besser."

„Als ich mit der Arbeit an der Bar angefangen habe, hatte ich gar keine andere Möglichkeit. Ich sprach damals kein Englisch. Wenn man kein Englisch spricht, geht man nie lange mit den Männern. Die Männer wollen sich auch unterhalten und ohne Englisch geht das nicht. Fast alle Mädchen, die kein Englisch sprechen, gehen nur stundenweise mit den Fremden.

Später, als ich dann englisch verstand, fragten die Fremden auch oft, ob ich nicht länger mit ihnen zusammensein möchte. Einige Male habe ich zugesagt. Ich dachte damals, daß ein Mann für längere Zeit besser sei, als viele Männer in kurzer Zeit.

Leider habe ich mich dann oft in den Mann verliebt. Einige waren wirklich sehr nett und sie sagten mir, daß sie mich lieben. Sie haben mir Geschenke gemacht. Es war oft eine wunderschöne Zeit. Wenn sie dann fahren mußten, habe ich sehr oft geweint. Sie haben gesagt, sie kommen zurück. Oft habe ich vor Kummer nicht arbeiten können; ich habe auf sie gewartet. Zurückgekommen ist jedoch keiner. Sie haben alle gelogen.

Nein, eine oder zwei Stunden sind besser. Schnell ist alles vorbei und ich bekomme mein Geld. Ich weiß nicht einmal die Namen von den Männern; ich kann mich an keinen von ihnen erinnern. Ich will es auch nicht."

„Verdienst Du viel Geld?"

„Nein, das denken die Fremden alle. Ich bekomme mehr Geld als ich verdienen würde, wenn ich in meiner Heimat auf dem Feld arbeite. Aber das

Leben in Phuket ist auch für uns sehr teuer. Ich muß auch viel Geld ausgeben für Kleidung und Kosmetik. Wenn ich mich nicht hübsch mache, nimmt mich keiner. Das Geld, welches überbleibt, schicke ich nach Hause.
Ja, es wäre besser gewesen, ich hätte diese Arbeit nie angefangen. Jetzt ist es jedoch zu spät, damit aufzuhören. Vielleicht treffe ich ja einmal einen netten Mann, der mich, obwohl ich ein Barmädchen bin, heiratet. Ich würde alles für ihn tun."
Tom war nachdenklich geworden.
„Jetzt weißt Du alles von mir", sagte sie. „Sicher verachtest Du mich jetzt."
„Laß uns ins Bett gehen", antwortete ich.

Sie lag neben mir. Das Handtuch hatte sie, wie nicht anders zu erwarten, um ihren kleinen Körper gewickelt. Langsam zog ich es ihr fort. Sie schmiegte sich an mich. Dann streichelte sie mir über das Gesicht.
„Andreas, magst Du mich trotzdem noch?", flüsterte sie.

Nachwort

Ich hoffe, daß Dir, lieber Leser, diese Geschichten gefallen haben.
Wenn Du schon einmal in Thailand warst, wenn Du an den unzähligen Bars in Phuket, Pattaya, Hua – hin, Chieng mai, Koh samui oder Bangkok gesessen hast, kennst Du sicher vieles aus den hier gelesenen Geschichten.

Laß Dich nicht täuschen von dem Lächeln der Bargirls. Glaube nicht, weil sie immer lustig sind und lachen, haben sie keine Probleme.
Die meisten von ihnen sind liebenswerte Menschen. Sie gehen ihrem ‚Beruf' nicht nach, weil es ihnen Spaß macht. Sie tun es, weil sie glauben, es tun zu müssen.

Sei nett zu ihnen und behandele sie wie Menschen!

Vielleicht kommen Dir einige der beschriebenen Begebenheiten bekannt vor. Vielleicht glaubst Du gar, eine der Personen in den Geschichten seiest Du.

Vielleicht, ja vielleicht bist Du es tatsächlich.

Über Anregungen, Kritiken und besonders über Lob würde ich mich sehr freuen. Schreib mir doch einmal an meine e-Mail Adresse:

Mang-gon@web.de.

Im Dezember 2001

Mang-gon jai